国立歴史民俗博物館研究叢書5

中世のモノづくり

村木二郎［編］

朝倉書店

編集者

村木 二郎（むらき じろう）	国立歴史民俗博物館研究部

執筆者

池谷 初恵（いけや はつえ）	伊豆の国市教育委員会
鈴木 康之（すずき やすゆき）	県立広島大学人間文化学部
佐々木 健策（ささき けんさく）	小田原城総合管理事務所
村木 二郎（むらき じろう）	国立歴史民俗博物館研究部
小野 正敏（おの まさとし）	国立歴史民俗博物館名誉教授
齋藤 努（さいとう つとむ）	国立歴史民俗博物館研究部

（執筆順）

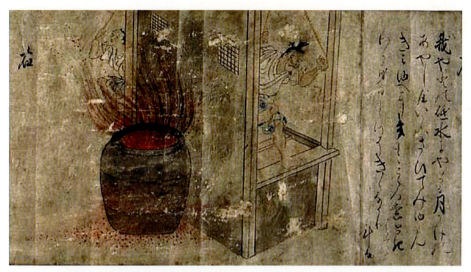

口絵1 「職人歌合絵巻(高松宮家本)」(室町時代)に描かれた鋳物師
[国立歴史民俗博物館所蔵]

口絵2 中国産天目茶碗(左)と古瀬戸天目茶碗(右) [国立歴史民俗博物館所蔵]
(本文 p.10 参照)

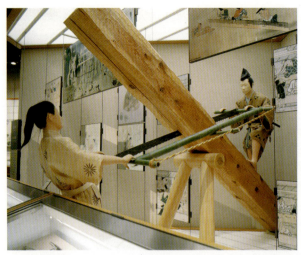

口絵3 「大鋸」復元模型
［国立歴史民俗博物館所蔵］
（本文 p.26 参照）

口絵4 塗師の家（復元）［提供　広島県立歴史博物館］

口絵 5 小田原城御用米曲輪 2 号池の石塔護岸 ［佐々木健策撮影］
（本文 p.63 参照）

口絵 6 北海道・厚真町内遺跡出土の鉄鍋 ［厚真町教育委員会所蔵］

口絵7　一乗谷朝倉氏遺跡の復元町屋（左）と，紺屋の家（復元）（下）［村木二郎撮影］（本文 p.104 参照）

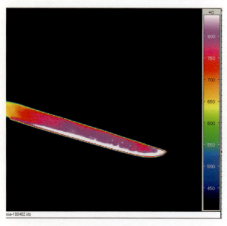
沸を作るとき

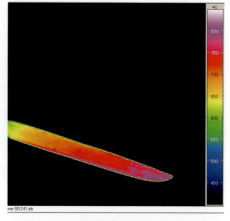
匂を作るとき

口絵8　日本刀焼き入れ時の加熱温度測定画像［齋藤 努 撮影］（本文 p.141 参照）

『国立歴史民俗博物館研究叢書』
刊行のことば

　国立歴史民俗博物館（以下，歴博）は，日本の歴史と文化を総合的に研究する大学共同利用機関ですが，歴史資料を収蔵し，研究成果を歴史展示というかたちで公表する博物館機能をも有しています．その特徴は，歴史学，考古学，民俗学および分析科学を加えた関連諸科学による文理連携型の学際協業によって，最先端の歴史研究を開拓し推進するところにあります．そして，「歴博といえば共同研究」と研究者間で言われるように，1981（昭和 56）年の機関設置以来一貫して，館内研究者はもとより多数の国内外の大学・研究機関などに所属する研究者と一緒に共同研究プロジェクトを組織して研究を進め，博物館機能を用いて，その研究過程・成果を可視化し，研究課題を高度化することで，学界コミュニティに貢献してまいりました．

　たとえば，創設初期の 1980〜90 年代は，外部の有識者による基幹研究検討委員会を設け，基層信仰，都市，環境，戦争などの大テーマを選定したうえで，実証的な研究を組織的に推進することによって学界をリードしてきました．2004（平成 16）年の法人化後は，博物館を有する研究機関としての特性をさらにはっきりと活かすために，研究，資料，展示の循環を重視した「博物館型研究統合」という理念のもとに広義の歴史研究を推進するというミッションを定めました．そして，総合展示のリニューアルを構築するための学問的基盤作りなどを行なう基幹研究を新しく共同研究のテーマに加えることにいたしました．

　このように共同研究の課題は，それぞれの時代の学問的要請と外部の有識者の意見を踏まえて選択してきたのですが，共同研究の成果を広く発信・公開しようという姿勢は一貫して変わることなく，『国立歴史民俗博物館研究報告』特集号（以下『研究報告』）に集約して発表してまいりました．これらは，各研究分野の主要な学会誌の研究動向においても取り上げられ，一定の評価を受けてきております．

　しかし，共同研究の最新の研究成果が集約されているこの『研究報告』は，専

門の研究者向けといった性格が強く，これから研究を始めようという大学院生・学生や日本の歴史と文化に関心をもつ一般の読者が手にとる機会は，残念ながら決して多いとは言えません．

現在，大学および大学共同利用機関においては，とくに人文科学分野の研究の可視化，研究成果の社会還元が強く求められています．そこで，第2期中期計画期間（2010～15年）内に推進された共同研究のなかから6件を選び，その後の研究成果を反映させるとともに，研究史全体での位置づけを明確にするということを意識して執筆を行ない，ここにあらためて『国立歴史民俗博物館研究叢書』として刊行する運びになりました．さらに，冒頭には，研究代表者による総論を設け，そこでは，それぞれ3年間におよぶ共同研究の成果の要点が読者に明確に伝わるようにいたしました．

本叢書は，朝倉書店の理解と協力を得て，第3期中期目標・中期計画期間の第一年目に当たる2016年度より刊行が実現することとなりましたが，歴博の創設に当たって学際協業による新しい歴史学の創成をめざした井上光貞初代館長の構想のなかには，すでにこのような研究叢書の刊行が含まれていたと伝えられています．創設三十周年を経た今，この本館設立時の初心に立ち帰り，本研究叢書の刊行に取り組みたいと思います．そして，本館の共同研究の水準を，あらためて広く社会に示すことで，研究史上の意義を再確認するとともに，新たな研究課題の発見に結びつけ，今後の共同研究として展開していく所存です．

読者のみなさまの忌憚のないご批判とご教示を賜りますよう，お願いいたします．

2017年2月吉日

国立歴史民俗博物館 館長　久留島　浩

はしがき

　おいしいものを食べられるのは，幸福だ．毎日ご馳走を食べたいなどと贅沢なことを言うわけではない．たまに，でいい．おいしいご飯を食べて，おいしいお酒をちょっぴりいただく．このささやかで身近な幸せが，豊かな生活の根本ではないだろうか．

　中世の人びとの日常生活について，歴史学はあまり多くを語ってこなかった．文献資料に現れにくいからである．一方で，絵巻物には無名の人びとの暮らしが活きいきと具体的に描かれている．しかし，文献史学がイメージする「暗黒の中世」とはあまりにもかけ離れている．これは絵画資料特有の表現であろうと，「絵空事」として正面から向き合ってこなかった．中世の人びとに，歴史学は長らく，豊かな生活をさせたくなかったのである．

　ところが，1970年代以降，各地で中世の遺跡が発掘されるようになると，陶磁器をはじめとしたあまりにも膨大な資料に圧倒されるようになる．とくに，広島県福山市草戸千軒町遺跡，および福井市一乗谷朝倉氏遺跡における集落遺跡の大規模な調査は，中世の人びとの暮らしを評価し直すように大転換を迫った．そこから導かれたのは，中世の人びとの物質的な生活水準の豊かさであった．絵巻物に描かれていた世界は，決して絵空事ではなかったのである．

　歯槽膿漏に悩む男の食器には赤絵の付いた黒色漆器皿が使われ(『病草紙』)，路傍に粗末な小屋掛けをして暮らす男は鉄鍋で食物を煮ている(『一遍聖絵』)．貧しい夫婦の暮らす家にも，洗い場には結物の桶が置かれている(『福富草紙』)．もちろん，これらがすべて正確かどうかはわからない．しかし，そういうことがあり得たと考え直すだけの資料が，その後も次々と考古学サイドから提示された．

　この，物質的な豊かさを支えたのが，古代以来，さらには中世を通じて向上していった技術の力である．中世の技術というと，精巧な螺鈿細工や仏教美術に集約される美術工芸の世界を思い浮かべることが多いだろう．現代の技術では再現できないとも言われる至高の技術力は，もちろん中世日本が誇る代表的な技術で

ある．しかしその一方で，人びとの生活水準を高めたのは，普段使いの身近な道具を安く大量に普及させた，量産の技術であった．技術力の向上とは，良品生産のみを志向するわけではない．粗悪品とまでは言わないが，時としてそれは製品の質を落としてまでも実現された．そういった技術の総体が，時代を作った中世の生産革命として，注目されるのである．

　中世の人びとも，擂鉢や石臼といった新しい調理具で穀物をすり潰し，鉄鍋で煮た暖かい料理を漆器の椀に盛り，たまには樽酒を酌んで，にっこりすることもあっただろう．飢饉にあえぎ，戦乱に明け暮れるばかりが中世ではない．そろそろ，中世を生きた彼らにも，ささやかな幸せを味わってもらってもよいのではないだろうか．

2019 年 2 月

村 木 二 郎

目　　次

序章　人びとの生活を豊かにした中世のモノづくり ………… [村木二郎]… 1
　1.　日常生活の変化 ………………………………………………………… 1
　2.　さまざまな生産活動 …………………………………………………… 2

第1章　中世におけるやきもの生産の変革 ………………… [池谷初恵]… 6
　1.1　個性的なやきものの出現—中世陶器の幕開け— ………………… 6
　1.2　模倣からブランドへ—古瀬戸と中国陶磁器— …………………… 8
　1.3　大量生産時代の到来 ………………………………………………… 11
　　（1）　瀬戸美濃大窯の変革 ……………………………………………… 12
　　（2）　越前焼の大量生産システム ……………………………………… 15
　1.4　中世の終焉と国産磁器のはじまり ………………………………… 21

第2章　中世の木材加工における技術革新 ………………… [鈴木康之]… 25
　2.1　木材加工技術の革新 ………………………………………………… 26
　　（1）　打割製材法を基盤とする木材加工 ……………………………… 26
　　（2）　製材用縦挽鋸「大鋸」の登場 …………………………………… 28
　　（3）　技術革新の影響 …………………………………………………… 29
　2.2　出土井側部材にみる木材加工 ……………………………………… 30
　　（1）　草戸千軒町遺跡の井戸材 ………………………………………… 30
　　（2）　井戸材に残る加工痕 ……………………………………………… 32
　　（3）　廃棄された木材 …………………………………………………… 35
　2.3　桶の展開と製作技術 ………………………………………………… 37
　　（1）　構造による桶の分類 ……………………………………………… 37
　　（2）　桶の利用状況の変化 ……………………………………………… 38
　　（3）　桶にみる技術革新 ………………………………………………… 40

2.4 漆工の技術……………………………………………………………43
　(1) 漆器考古学の進展……………………………………………43
　(2) 漆工技術の変革………………………………………………44
　(3) 食卓を彩る漆器………………………………………………44
　(4) 草戸千軒町遺跡出土品から想定される漆器の流通………45
2.5 ま　と　め……………………………………………………………48

第3章　石製品の量産化を可能にした加工技術　［佐々木健策］… 51
3.1 石切の系譜─石を加工する人々─……………………………………52
　(1) 忍性と大蔵氏…………………………………………………52
　(2) 関東石切棟梁の系譜─一右衛門・左衛門五郎─…………54
　(3) 関東石切棟梁の系譜─善左衛門……………………………55
3.2 箱根山の恩恵─素材となる豊富な石材─……………………………56
　(1) 石の種類と選択………………………………………………56
　(2) "宝の山"，石を見立てる人々………………………………58
　(3) 箱根の火山活動………………………………………………59
3.3 量産化を支えた石材の選択……………………………………………61
　(1) 石材のストックヤード─山角町遺跡第Ⅳ地点100号遺構…61
　(2) 用いられた石材………………………………………………64
　(3) 石材採取地……………………………………………………66
3.4 石製品の加工……………………………………………………………67
　(1) 失敗から読み取る加工技術…………………………………67
　(2) 石塔類の加工…………………………………………………68
　(3) 挽き臼類の加工………………………………………………69
　(4) 石製容器の加工………………………………………………71
3.5 まとめにかえて─職人の技が支えた中世─…………………………72

第4章　中世における金属製品の生産と技術─鉄鍋・銅鏡を例として─
　………………………………………………………［村木二郎］… 76
4.1 人びとの生活を変えた生産─鉄鍋─…………………………………76

(1)　鉄鍋の普及……………………………………………76
　　(2)　中世的商品生産の萌芽………………………………77
　　(3)　鋳物師集落と中世的商品生産………………………80
　　(4)　中世後期の商品生産…………………………………85
　4.2　良品生産を目指した工芸技術―銅鏡―……………86
　　(1)　七条以南の金属製品職人……………………………86
　　(2)　七条町・八条院町界隈の金属関係生産遺跡………87
　　(3)　文献史料からみた八条院町…………………………93
　　(4)　その後の鏡職人………………………………………97

第5章　「場」からみる中世のモノづくり……………［小野正敏］…99
　5.1　中世のモノづくりを規定するもの…………………100
　　(1)　モノの値段と職人の賃金…………………………100
　　(2)　モノづくりの「場」を規定した要因……………102
　5.2　都市・町のモノづくり………………………………103
　　(1)　戦国城下町一乗谷…………………………………104
　　(2)　勝沼館………………………………………………107
　5.3　湊と宿のモノづくり…………………………………108
　　(1)　中小の湊津の生産…………………………………108
　　(2)　宿の生産……………………………………………111
　5.4　越前平等村の越前焼生産……………………………113
　　(1)　平等村の生産の場とシステム……………………114
　　(2)　資源からみた越前焼生産…………………………116
　5.5　中世のコンビナート…………………………………119
　　(1)　山のコンビナート―北沢遺跡……………………119
　　(2)　海のコンビナート―村松白根遺跡………………121
　5.6　都市が育てる近郊生産地……………………………123

第6章　職人の技と分析科学……………………………［齋藤　努］…126
　6.1　卸　し　鉄……………………………………………127

(1) 卸し鉄の疑問点 …………………………………………… 127
　　(2) 卸し鉄の手順 ……………………………………………… 128
　　(3) 軟鉄と銑鉄の卸し鉄 ……………………………………… 129
　　(4) 調査方法 …………………………………………………… 129
　　(5) 調査の様子 ………………………………………………… 130
　　(6) 浸炭の作業 ………………………………………………… 131
　　(7) 脱炭の作業 ………………………………………………… 133
　　(8) 実験操業の計測結果 ……………………………………… 134
　　(9) 反応機構の推定 …………………………………………… 135
　6.2　焼き入れ …………………………………………………… 137
　　(1) 焼き入れの手順 …………………………………………… 138
　　(2) 調査方法 …………………………………………………… 139
　　(3) 加熱時の温度測定法 ……………………………………… 140
　　(4) 焼き入れの温度 …………………………………………… 141
　　(5) 焼刃土の効果の検証法 …………………………………… 142
　6.3　ま と め …………………………………………………… 144

事項索引 …………………………………………………………… 147
遺跡名索引 ………………………………………………………… 150

序章 人びとの生活を豊かにした中世のモノづくり

村木二郎

　古代国家や寺院などの権力機構が中心となって蓄積してきた生産力, 技術力は, 次第に開放され, 人びとの生活を豊かな方向へと押し上げていった. そういった潜在エネルギーが開花したのが, 中世である. 流通の活性化とも相まって, 生産活動はますます活発化していき, 不特定多数の人びとを対象とした商品が全国を行き交うようになっていく. このような, 物質的に豊かな時代・中世を支えたのは, モノづくりの技術である.

1. 日常生活の変化

　このことを端的にあらわすのが, 人びとの家財道具の量であろう. 古代の集落遺跡における1軒の家から出土する遺物は, 土師器の椀や皿を主とした食器と, 煮炊きをする甕などのわずかな調理具にすぎない. 地域によってはこれに須恵器や黒色土器の食器が加わることもあるが, 一部の高級貴族層を除けば, 基本的には古代の人びとは土製の食器で日々の食事をとっていた. 10世紀代の, 平安京右京二条三坊に所在した中級貴族の邸で使用されていた食器が, 井戸跡から一括で出土している. それらは土師器の大小の皿と黒色土器の椀が主体である. 都の貴族ですら, 日常生活で使う用具はそういったものであったようだ.
　しかし, 中世に入るとその種類と量は圧倒的に多くなる. 地域差はあるものの, 漆器の椀や皿, 各地の陶器, 中国産の磁器といったバリエーション豊かな食器類が食卓を飾る. 素焼きの土器は酒を飲むための杯などに限られ, しかも使い捨ての食器となった. 武士の館などで何百点といった単位で見つかる「かわらけ」は, 宴会に際して使われた大量の酒器であり, 古代とは使われ方がまったく異な

るのである．調理具に関しては，土鍋を使い続ける地域もあるが，鉄鍋が一般の集落から見つかるようになる．そもそも鉄鍋は，錆びてしまったり，リサイクルされるために，遺跡には残りにくい資料である．しかし古代と違い，土製の煮炊き具が中世になると消滅する地域が多いのは，それだけ鉄鍋が普及していたことを物語るのであろう．また，中世の調理具としてとくに重要なのは擂鉢の登場である．各地の窯場でも主力製品として生産するようになる．これによって，粉食が身近なものとして浸透していった．これは食文化を考えるうえでの大きな出来事である．15世紀後半頃からは石臼も次第に普及していき，粉食の幅をさらに広げていった．このようにして，人びとにとって最も身近な日常生活が大きく変化していったのである．

2. さまざまな生産活動

　中世の人びとの生活には，さまざまな日常用具が加わり，生活を変化させていった．この大量消費の時代を支えたのは，陶器，漆器・木製品，鉄や青銅の金属器，石製品などといったさまざまな分野の手工業生産活動である．

　陶器は活発な水運にも支えられ，大規模な窯業地帯が発達して商品生産を行なった．12世紀代には，東海地域の常滑・渥美，瀬戸内の東播・備前，北陸の珠洲などを中心に新たな窯が各地に営まれるようになり，広域流通する中世陶器の世界が広がり始める．それが15世紀に入ると，より効率のよい大量生産体制が目指されるようになり，その転換に失敗した窯は淘汰されていく．瀬戸窯は成功した典型例で，さまざまな技術を重ねて大窯を開発した．1回の窯焚きで効率よく大量の製品を焼くために，天井を高く面積も広くして窯を大型にしたのである．器種も，天目茶碗・小皿・擂鉢の少器種に限定し，集中的に生産した．日本の中世陶器のなかで唯一釉薬のかかった施釉陶器を焼いた瀬戸では，窯詰めの際に重ね焼きをすると上下の製品が貼り付いて離れなくなってしまうという難点がある．しかし窯道具の匣鉢を工夫し，さらに天井近くまで積み上げることに成功したことで，全面施釉の陶器を効率よく大量に生産することが可能となった．また地下式の窖窯から地上式の大窯に変わったことは，窯詰めの効率化にもつながった．越前でも窯の大型化に成功し，製品も甕・壺・擂鉢の少器種量産体制に移行し

た．発掘調査された岳ノ谷1号窯は，従来の窯に比べ，長さ・幅・高さがそれぞれ2倍になっており，焼成室の容積は8倍にもなったことがわかる．窯の内部には耐火石で内貼りを施し，窯を何度も利用できるよう強化してもいる．さらに，生産効率を上げるために，村のなかのいくつかの工房が共同して窯を操業していた様子もわかっている．

　漆器は，木地が土中で腐食しやすいために，保存条件がよくなければ発見されにくい．また，漆器は高級品というイメージもあり，中世の漆器については長らく不明な点が多かった．しかし，中世初頭の11世紀から12世紀の東日本で，古代の食器の重要な要素であった土師器の椀が見つからなくなることから，一部では漆器椀の普及が予想されていた．それが，石川県穴水町西川島遺跡群など，各地の発掘調査によって事例が蓄積されるようになり，裏づけられたのである．遺物の分析によると，土師器の椀を駆逐した漆器椀とは，我々が抱いていた高級漆器とはまるで違うものであった．人びとの生活に浸透していた漆器椀は，下地に漆ではなく安価な柿渋を使い，表面には1〜2回程度漆を薄く塗っただけの廉価品であったのだ．木地もケヤキを使う高級品と違い，ブナやトチノキなどさまざまな樹種が用いられた．それでも土器とは違って防水性があり，ある程度の耐久性も備えたこういった漆器は，新しい椀として人びとに受け入れられたのである．さらに，ベンガラや朱の赤色顔料で花鳥や吉祥文を描いた，黒地に赤絵の華やかな漆器が12世紀末には登場し，日々の食卓を彩った．鎌倉では，文様を彫った型に朱漆を付けて押印する型押漆絵という技法が盛んに用いられた．これは生産工程を簡略化した，量産に適した技法といえよう．

　木製品は中世以前からさまざまな用途に用いられてきた．容器としての曲物や桶は，中世の日常生活にも欠かせない．中世前半に使われてきた桶は丸太を刳り抜いた「刳桶」で，これは木材の利用法としては非常に効率が悪い．これに取って代わった画期的な桶が，板材を組み合わせて箍で締めた「結桶」である．板材なら木材を効率的に木取りすることで，無駄にする割合も少なくなる．13世紀代に西日本でみられた結桶の側板の縁は，槍鉋で加工していたため，面が整わず接合部がうまく合わないものであった．しかし，中国から台鉋が入ってきたことで，縁を一気に削ることが可能となり，側板同士の接合もよい，水漏れのしない桶が完成した．また製材の工程も，木材に楔を打ち込み，木槌で叩いて縦割りに

する打割法の段階から，大鋸と呼ばれる縦挽鋸が14世紀末頃に中国から導入されて，木材を自在に切断できるようになった．これにより材木の規格化が進み，板材も普及して，建築現場は大きく変化した．

　中国山地の花崗岩は良質の砂鉄を含んでおり，近世に盛んに行なわれた鉄穴流しは有名である．この砂鉄を利用した製鉄は，中世以前から行なわれてきた．近世に入って大規模に工業化された「たたら吹製鉄」の基本的な技術は，中世段階に準備されていたことがわかりつつある．たたら吹製鉄の特徴は長方形箱形炉による砂鉄製錬で，炉の地下には高温を維持するための本床と小舟を備え，さらにその下に防湿効果を高めるための床釣を設けるという大規模な地下構造を有する．また，大型化した炉内を長時間高温維持するため，炉の両側面に設置した鞴から複数の送風管をつないで連続的に送風を行なった．これらの要素を備えた中世の製鉄遺構が，中国山地で確認されている．そのような，広島県北広島町坤束製鉄遺跡や，島根県雲南市大志戸鈩跡で見つかった製鉄炉は，鎌倉時代にまでさかのぼると考えられている．こういった技術革新に支えられて鉄素材が供給され，素材自体が流通して，鍛冶や鋳物による鉄器生産が盛んに行なわれた．鍛冶現場では製品の姿はわからないが，鋳物生産の遺跡からは，生活用具としては鉄鍋の鋳型が発見される．鉄器はリサイクルされるため，遺跡から見つかる鉄鍋の数はそれほど多くはない．しかし，注文に応じて生産した短期間の工房ではなく，長期にわたって操業していた鋳造遺跡からは鉄鍋鋳型がしばしば出土する．このことは，恒常的に不特定多数の消費者向けの商品として，鉄鍋生産が行なわれていたことを示していよう．

　中世の石製品というと，供養塔や墓標として立てられた石塔が思い浮かぶ．中世前半の大型の供養塔は，高僧や武家の個人のもの，あるいは寺院や村の共有物であった．しかし，15世紀になると，小型の五輪塔や宝篋印塔，石仏などが盛んに作られるようになる．これらは近辺の河原などで採れる石を加工した量産品で，なかには自然面を残したまま使われたものもある．神奈川県小田原市山角町遺跡・御組長屋遺跡は，近くを流れる早川で採れた安山岩の河原石を加工した石工工房跡である．そこで見つかった多くの未成品のなかには，石塔以外に石臼や石製容器も含まれている．15世紀後半に石臼が普及するのも，こういった技術革新に連動してのことであろう．

中世の生活を変えたさまざまな技術は，必ずしも良品の生産を志向したわけではなかった．むしろ質を落としてでも大量に生産することで，生活用具を多くの人びとに普及させたのである．中世のなかでも，とくに戦国時代の遺跡からは全国的に大量の遺物が出土する．戦国時代は，絶えざる戦乱によって人びとの生活は困窮を極めたと思われがちである．しかし考古学的な情報からは，当時の生産力は最盛期に至っており，少なくとも物質的にはかなり豊かな生活が展開したと考えられる．それを可能としたのが，さまざまな生産分野における量産化技術の達成なのである．

　本稿は国立歴史民俗博物館企画展示図録『時代を作った技—中世の生産革命—』に執筆した文章をもとに，加筆修正を行なった．

参考文献

小野正敏（2006）戦国期の都市消費を支えた陶器生産地の対応 越前焼を例に．国立歴史民俗博物館研究報告，127集．
角田徳幸（2010）中国山地における中世鉄生産と近世たたら吹製鉄．日本考古学，29号．
国立歴史民俗博物館編（2013）時代を作った技—中世の生産革命—．
佐々木健策（2009）円礫による石製品の加工—中世後期の未成品から．特集・石の加工（歴博155号）．
鈴木康之（2003）桶・樽の発展と中世社会．戦国時代の考古学，高志書院．
中島圭一（2018）十五世紀生産革命論再論．国立歴史民俗博物館研究報告，210集．
藤澤良祐（2003）瀬戸・美濃大窯の生産と流通．戦国時代の考古学，高志書院．
村木二郎（2014）中世鋳造遺跡からみた鉄鍋生産．金属の中世（考古学と中世史研究11），高志書院．
四柳嘉章（2009）漆の文化史（岩波新書），岩波書店．

第1章 中世におけるやきもの生産の変革

池谷 初恵

　私たちの身の回りを見渡してみよう．プラスチックやアルミ・ステンレス製品があふれているとはいえ，茶碗や皿，土鍋，花瓶，植木鉢など，やきものが多く目に入るであろう．50年前にはもっとたくさんのやきものが生活の中心にあった．

　日本人の生活にやきものが身近になったのが，中世という時代であったといっても言い過ぎではあるまい．それを可能にしたのが，中世におけるやきものの技術革新，モノづくりの発展であった．

　本章では，2013年の国立歴史民俗博物館企画展示「時代を作った技—中世の生産革命—」のテーマの一つ「陶器生産」から，中世のやきものからみたモノづくりをみていくこととする．

1.1 個性的なやきものの出現—中世陶器の幕開け—

　趣味は窯めぐりという人も多い．筆者もその一人である．伝統的な窯業地へ行き，古い陶片をみたり，窯元をたずねて新しい作品に出会い，作陶の苦労話を聞くのが好きである．やきものの長い歴史を感じることができる．

　2017年，「六古窯」が日本遺産に認定された．「六古窯」とは，中世から現在まで生産が続く代表的な古窯で，第2次世界大戦後，陶芸研究家の小山冨士夫により提唱された「越前」，「瀬戸」，「常滑」，「信楽」，「丹波」，「備前」の6か所の中世窯の総称である（小山，1974）．しかし，中世に始まるやきものの生産地はこの6か所に限られない．全国的にみて，中世のやきもの生産地は，北は秋田県から南は奄美諸島まで確認され，井上喜久夫は，2010年時点で87か所と数え上げている

(井上，2010)．それぞれ規模や生産年代，製品，流通圏に違いがあり，実に個性的な様相を呈している．

古代のやきものといえば，全国で生産・流通した須恵器をあげることができよう．須恵器は甕や壺，坏・蓋・高坏などの供膳具など，全国どこの地域においてもほぼ同じ器種が作られ，時期差や多少の地域差はあるが，一部の例外を除いて，おおよその形や色調が変わることはない．また，一つの生産地，窯群の製品が流通する範囲は，ほぼ一国内に限られる場合が多い．

これに対して，中世のやきものは実に個性的である．一例として，東海地方のやきもの生産地をみてみよう．

東海地方は，古代に須恵器・灰釉陶器を生産した伝統的な窯業地帯である．また，古代末から中世前半にかけては，山茶碗と呼ばれる無釉の碗・皿を大量に生産したことでも知られる．このうち，知多半島に展開した常滑窯は山茶碗の生産体制を基盤としながらも，甕・壺・片口鉢の3器種を主要な製品とする大窯業地に発展した．それらは陸路や海路によって北は北海道南部から西は九州北部まで各地に運ばれている．一方で，同時に生産していた山茶碗は鎌倉など一部を除き，東海地方以外に流通することはほとんどなかった．

渥美半島には渥美窯が展開し，常滑同様に山茶碗・甕・壺・片口鉢を主な製品としたが，施釉され文様の描かれた刻画文壺や経筒を入れる外容器，東大寺の瓦を生産するなど，常滑窯との違いがみられる．

また，常滑をはじめとする東海地方の窯では，焚口に分炎柱を持つ窖窯で焼締陶器の生産を行なっていたが，これらの窯の構造や製品の製作技術は，各地に広がりをみせた．たとえば宮城県の伊豆沼窯，水沼窯，岐阜県の中津川窯など，12世紀代に東海地方の窯の技術を導入して成立した窯跡がある．

愛知県瀬戸市を中心に展開した瀬戸窯は，現在でも陶磁器の一般名称として使われる「せともの」の一大産地である．瀬戸窯は中世では国内で唯一施釉陶器を生産したことに特徴がある．

瀬戸窯の製品のうち，12世紀末から15世紀代に生産された施釉陶器を「古瀬戸」と呼ぶ．初段階の古瀬戸の釉は灰釉から始まり，14世紀になると鉄釉が導入され，優美な文様を描く壺や盤などを生産するようになる．また，瀬戸窯では常滑窯や渥美窯のような大型の甕は作られず，小型の壺，碗，皿，鉢を主に生産

した．瀬戸焼も北海道から九州まで広く流通し，常滑焼とともに全国の中世消費地遺跡の主要な出土遺物である．

1.2 模倣からブランドへ―古瀬戸と中国陶磁器―

　偽ブランド商品をめぐるトラブルをよく耳にする．有名ブランドの製品，高価な商品を手に入れたいという望みはいつの時代にもあり，そこにつけ込んだニセモノ商売があとを絶たない．しかし，ニセモノ商品やコピー商品が悪という考えは現代的な感覚で，高級品をモデルとしてコピーすることにより，新たなやきものが生まれることもある．その一つが先ほど紹介した瀬戸焼である．

　12世紀末の古瀬戸に始まる瀬戸窯の製品には，11世紀後半から日本に流入した中国陶磁器の影響が大きいことが知られている．瀬戸窯をはじめとする東海諸窯の研究実績のある藤澤良祐は，古瀬戸製品の消長や消費地の状況から，中国陶磁器と古瀬戸製品との「モデルとコピー」論を展開している（藤澤，1998，2002，2007）．

　図1.1は藤澤の提示したモデルとコピーの主な器種を図示したものである．初期段階の古瀬戸の器種のうち，灰釉四耳壺（かいゆうしじこ）は白磁四耳壺（図1.2），洗は黄釉鉄絵盤（おうゆうてつえばん）・緑釉盤（りょくゆうばん），施釉碗（せゆうわん）は青磁碗をモデルに生産されたコピー製品である．やや遅れて，直線的な瓶子（へいし）Ⅰ類と絞め腰の瓶子Ⅱ類，天目茶碗（てんもくぢゃわん），折縁深鉢（おりふちふかばち）などが現れるが，瓶子Ⅰ類は青白磁梅瓶（せいはくじめいびん），瓶子Ⅱ類は高麗青磁梅瓶（こうらい）を写しているといわれる．また，天目茶碗は中国産天目茶碗の中でも最高級の建窯（けんよう）製品を丁寧にコピーしている（図1.3）．一方，折縁深鉢は青磁盤のコピーであるが，青磁盤は蓮弁文様（れんべん）や双魚文（そうぎょ）などがみられるのに対し，古瀬戸はほとんどが無文である．

　このように初期の古瀬戸製品は灰釉四耳壺や瓶子など高級調度品を中心に生産する傾向がある．しかし，12世紀後半から14世紀にかけて日本各地で大量に出土する青磁や白磁の碗・皿は，施釉碗を除いてほとんどコピーされることはなく，該当する碗・皿はみられない．この状況について，藤澤は瀬戸窯では中国陶磁器との製品の棲み分け，差別化を意識していたと指摘している．

　初期の古瀬戸のうち，壺や瓶子は東海地方を中心に関東・近畿地方の墓で蔵骨（ぞうこつ）器（き）として使われる事例が多くみられる．墓以外では12世紀末に成立した武士の

1.2 模倣からブランドへ―古瀬戸と中国陶磁器―

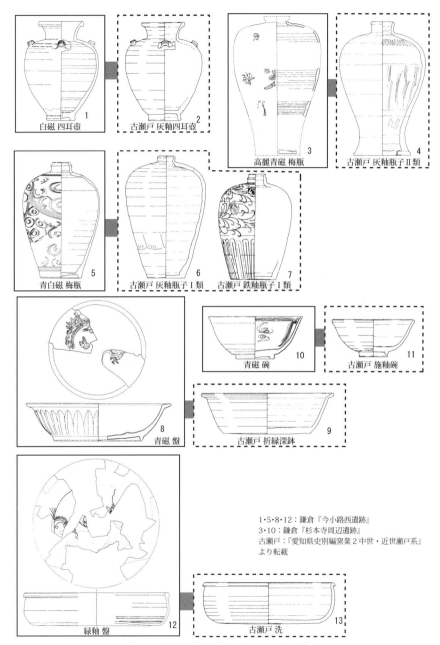

図1.1 中国陶磁器と古瀬戸のモデルとコピー

図1.2 白磁四耳壺（左：足利市教育委員会所蔵）と古瀬戸灰釉四耳壺（右：名古屋市博物館所蔵）

図1.3 中国天目茶碗と古瀬戸天目茶碗（口絵2参照）
（国立歴史民俗博物館所蔵）

都，鎌倉に集中する傾向がある．初期の古瀬戸製品の一番のお得意先は鎌倉といっても過言ではない．

　鎌倉の遺跡から出土する中国陶磁器と古瀬戸を詳細に分析した藤澤によると，中国陶磁器と瀬戸製品の廃棄量に時期差がみられるという（藤澤，2002）．藤澤は遺跡の時期別・遺構面ごとの出土量をデータ化し，中国陶磁器と古瀬戸の廃棄量を比較している．発掘調査において遺構や遺構面から出土する遺物の数は，あくまでもある一定期間にその場に廃棄された数であり，搬入・使用された時期とは必ずしも一致するものではないが，時期ごとの傾向はある程度反映されていると考えられる．

時期別の出土量を遺跡ごとに分析した結果，中国陶磁器の方が古瀬戸よりも出現時期・出土量（廃棄量）のピークとも先行することが明らかになっている．具体的には，中国陶磁器が13世紀前半から中葉までには出現し，出土量のピークが13世紀末から14世紀初頭であるのに対し，古瀬戸の出現は13世紀中葉以降で，ピークは14世紀前葉となり，それぞれ時期差が生じているのである．この現象について，藤澤は日本に流入する中国陶磁器の量が減少するにしたがい，それを補完するように，古瀬戸の生産量が増加している傾向を指摘している．

ところで，鎌倉における最上級の武士の館といわれる今小路西遺跡の北谷屋敷では，白磁四耳壺，青白磁梅瓶，緑釉盤など，高級な中国陶磁器が多数出土している．出土状況から火災にあい一括して廃棄されたものと考えられている．この北屋敷の一括資料には古瀬戸はほとんど含まれていないことが注目される．一方で，南谷の屋敷地や周辺の遺跡では，古瀬戸の四耳壺や瓶子などがみられる場所がある．鎌倉の屋敷では，たとえば武士層のランクにより，所持する調度品に格差が生じていた可能性，それが中国陶磁器と古瀬戸との使い分けであった可能性も指摘されている．これらについては，現段階では検討できるデータが蓄積されておらず，今後解明すべき重要な課題と考えられる．

古瀬戸は，初期には主に鎌倉や寺院（墓埋葬品を含む）に向けて，中国陶磁器をモデルとしたコピー製品を生産していた．そして，14世紀に中国陶磁器の輸入量が減少するにしたがい，それを補完するように生産量および器種を増やしていく生産体制の戦略がみえてくる．また，中国陶磁器にはない独自の文様や器形を創出するなど，アレンジされた製品もある．さらに古瀬戸は中国陶磁器のコピーだけでなく，金属器をモデルとした入子や，卸皿・柄付片口などモデルが不明なものも知られている．これら単なるコピーにとどまらない創意工夫，多様性，時代に即した戦略が，瀬戸窯が現代まで続く生産システムの原点ということもできよう．

1.3 大量生産時代の到来

15世紀は中世における重要な画期といわれる．政治・社会の変革も多く指摘されているところであるが，考古学の視点からは合理化・量産化の動きが加速する

ことが明瞭にみえてくる時期である．

ここでは，二つのやきもの生産地の大量生産に向けて技術革新をみていこう．

(1) 瀬戸美濃大窯の変革

中世における国内で唯一施釉陶器を専門に生産した瀬戸窯では，15世紀後半に窯の構造が「窖窯」から「大窯」に変化する．「窖窯」とは，古代の須恵器から長期間使われてきた窯の構造で，古瀬戸段階の窖窯は丘陵斜面をトンネル状に掘り抜いた地下式構造であった．これに対し「大窯」は，主要な部分が地上に作られている点が大きく異なる．

大窯については，すでに藤澤が多くの論考で述べているところであるが（藤澤，2003，2007，2013），そのうち，大きな変革として以下の三つをあげることができよう．

a. 窯の構造

一つめは窯体構造の改良である．前述のように，大窯は地上に作ることにより，天井の高さを高くすることが可能となり，窯の容積を大きくすることができる．また，焼成室の片側に出し入れ口を設けて，窯詰め・窯出しの作業効率も向上させた．

一方で窯を地上に作ることには熱効率の点で問題もある．窖窯は地下に燃焼室・焼成室があるため，断熱効果が高く，焼成時の高温を保つことが比較的容易であった．しかし，焼成室を地上に置く大窯は，窖窯と同じ構造では高温を獲得し続けるのは難しい．そこで，燃焼室後部に膨らみを持たせたうえ，燃焼室と焼成室の間の分炎柱の左右に「小分炎柱」を一定間隔で並べ，天井から障壁となる粘土を垂れ下げるなどの改良を加えた．これらの改良により，地上の窯であっても，燃焼ガスをコントロールし，高温を確保・維持する熱効率と安定した焼成を可能にしたのである（図1.4）．

b. 匣鉢の多用

二つめは，それ以前の窖窯段階に増して匣鉢を多く使うようになり，窯詰めにも工夫がなされたことである．匣鉢とは，陶磁器を焼く際に窯のなかの火炎や降灰などから素地を保護するために用いられた耐火粘土製の容器である．「えんごろ」ともいう．匣鉢は古瀬戸段階からすでに用いられていたが，天目茶碗や茶入

1.3 大量生産時代の到来

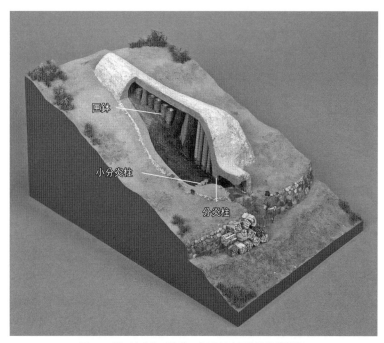

図 1.4　瀬戸大窯復元模型　（国立歴史民俗博物館所蔵）

図 1.5　瀬戸大窯の窯道具（匣鉢・匣鉢蓋・長脚ピン）
（愛知県埋蔵文化財調査センター所蔵）

など一部の製品にしか使われていなかった．大窯ではごく普通の碗や皿，小型の水注・壺に至るまで，擂鉢(すりばち)を除くほとんどの製品を匣鉢に入れて焼成するようになった（図1.5）．

匣鉢を使う利点は，全面施釉が可能となり，製品の品質が向上するとともに均一化されることにある．また，天井が高くなった大窯では，匣鉢を何段にも積み重ねることが可能となり，効率のよい窯詰めが行なわれたことで大量生産につながったのである．

c. 器種を限定して量産

三つめは製品の器種を限定して生産するようになったことである．大窯で生産される主な器種は茶道具の天目茶碗・食膳具の皿・調理具の擂鉢の3種類である．古瀬戸段階でみられた四耳壺や瓶子，大型の盤などは大窯の段階では姿を消した．上記3器種の他に，小型の瓶や水注，茶入，茶壺なども生産されていたが，主要3器種が窯の出土品の80％以上を占めるというデータもある．消費地の遺跡でも，天目茶碗・皿・擂鉢の3器種が多く出土する．前述の匣鉢の多用とあいまって，限定した器種，さらに大きさをそろえることにより，効率的な量産体制を作ったといえるであろう．

以上の三つの窯場での変革に連動して，立地や生産体制にも変化があったといわれている．まず，窯場が従来の丘陵部から集落周辺へ移動したことである．また，大窯段階の後半期になると，大窯の分布は瀬戸地域から岐阜県の美濃地域に拠点が移ることが知られている．さらに，いわゆる「窯の拡散」という現象が起こり，瀬戸大窯の影響の濃い窯が各地に現れる．たとえば，静岡県浜松市の初山(しょざん)窯，静岡県島田市の志戸呂(しとろ)窯，富山県立山町他の越中瀬戸(えっちゅうせと)窯などである．これらは工人集団の移動による開窯であり，工人の組織化も進んだと考えられている．

近世の史料であるが，『水上竈文書(みなかみかまもんじょ)』(元禄11年(1698))から，「大将―窯人―脇の者」という生産組織の存在が知られている．藤澤は「窯大将組織」と呼ばれるこの生産体制の萌芽は大窯段階成立期にさかのぼり，徐々に組織化が進むとみている．「窯人」はいうまでもなく生産者の職人であり，「脇の者」は職人の周辺で生産を手助けする者，在地の農民が想定されている．そして「大将」はこれらを統括する窯屋の棟梁のような存在であっただろう．これまで述べてきたような窯構造・窯詰めの変化や大量生産化に伴い生産の集約化が進み，その過程で有力な

「窯人」からそれらをたばねる棟梁というべき「窯大将」が出現したという組織の変化を指摘している（藤澤, 2007）.

また，大窯段階はちょうど戦国時代にあたり，領国拡大・領国経営に重点をおく戦国大名の窯業地への一定の関与があったことも知られている．たとえば織田信長は永禄6年（1563）に「織田信長制札」を出し，製品の流通に関わる尾張国内の商人を保護し，天正元年（1573）の「織田信長制札写」では窯を開くことを許可している．また，志戸呂窯に関しては徳川家康の，越中瀬戸窯に関しては前田利家の，それぞれ発給文書が存在する．

一方で，北海道から九州まで全国流通した瀬戸大窯の製品は，領国をはるかに越えており，大名や領主層から独立した，広域流通の担い手である商人による広範な流通システムが背景にあったことは確実であろう．

(2) 越前焼の大量生産システム

次に中世から近世まで日本海側に広く流通した「越前焼」をみてみよう．「越前焼」とは，福井県越前町を中心に生産された焼締陶器で，12世紀後半に常滑焼の技術を導入して操業し，現代まで継続してやきもの生産が行なわれている．中世の窯の数は200基を越えるといわれ，製品の流通は，北は北海道南部から西は九州北部まで主に日本海側を中心に広い範囲に及ぶ．越前焼においても，瀬戸窯同様，15世紀に生産の技術や体制の大きな変革があり，大量生産システムを確立している．

中世越前焼は，前述の小山冨士夫以来多くの研究の積み重ねがあるが（小山, 1947；水野, 1983；田中, 1994など），1986〜89年に国立歴史民俗博物館による越前町織田地区（旧丹生郡織田町）の平等支群大釜屋窯跡群にある岳ノ谷窯跡の調査で，15〜16世紀の実態が明らかになった（小野, 1989）．調査を担当し，越前焼の生産や消費地との関連などの研究実績のある小野正敏の報告・論考から紹介していこう（小野, 1997, 2006, 2018）．

小野の研究によれば，15〜16世紀の越前焼における生産の変革として，主に以下の三つの要素をあげることができる．

a. 窯の大型化と固定化

一つめは窯の大型化と固定化である．岳ノ谷窯跡の調査成果からみてみよう．

岳ノ谷窯跡では，東斜面に16基の窯が存在し，それらが四つのまとまり「ユニット」に分かれていた．ユニット1では5基の窯が並列しており，このうち1～3号窯の3基の発掘調査が行なわれた．全体のほぼ半分程度を調査し，全体規模が解明された1号窯では，窯の全長は26m，最大幅は6mであった．それ以前の14世紀までの窯の全長が12～15m，最大幅3m未満であったのに対し，岳ノ谷1号窯は長さ・幅ともに2倍近くになっている．天井の高さも2倍くらいで，容積で換算すると単純計算で8倍にも達することとなる．

　一方で窯が長くなると，燃焼室からの熱が十分に窯内にいきわたらなくなり，熱効率が悪くなる．越前焼の窯では，床の傾斜を急角度にすることにより，これを克服した．また，燃焼室の手前側を膨らませるという形状の変化もみられる．これは最も窯のなかで高温となり，かつ火のコントロールのしやすい手前部分に広い空間を確保し，そこで値段の高い甕や壺を多く焼けるようにする工夫である．窯を大きくするためには，窯の構成材料にも工夫がなされた．窯の中で一番強く火のあたる燃焼室の手前側の壁内側や分炎柱に耐火性の強い軽石の切石を使っている．

　また，中世の越前焼の窯はすべて地下式の窖窯構造であるが，岳ノ谷1号窯の調査では，窯の床面が5面重なっていることが確認された．つまり，図1.6に示したように，同じ場所で，同規模・同勾配の窯を5回かさ上げして作り直してい

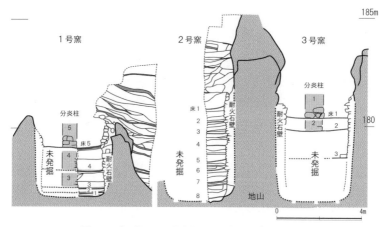

図1.6　岳ノ谷1～3号窯横断図　（小野，2018より）

るのである．窯の天井が地面近くまで達すると，隣にまた同規模の新しい窯を掘り，さらにそこでかさ上げという更新が繰り返されてきたことがわかった（図1.7）．2・3号窯の発掘調査では，部分的に掘り下げて床面数を確認しているが，2号窯では8面，3号窯では途中までの確認で最低3面の床を数えている．一つの床面で10回程度の焼成が行なわれたとすれば，1号窯では50回の窯焚きが行なわれた計算になる．岳ノ谷窯跡のユニット1は，見た目には5基の窯であるが，実は5基×5〜8回のかさ上げ数で，推定で25〜40基分の窯が埋もれていたことが判明した．大釜屋窯跡群では，分布調査によって約50基の窯が確認されているので，平均5回の窯の更新と仮定すれば実際は約250基の窯が存在したことになり，見た目以上の大窯跡群が展開していたといえる．

ところで，越前焼の窯は，14世紀に広く旧織田町全体に広がっていたが，15世紀後半から16世紀になると平等支群の松尾谷窯跡群と大釜屋窯跡群に集約していく．これは分布図上では窯の数や範囲が減少・縮小したようにみえるが，前述した窯の大型化とかさ上げによる更新を繰り返し行なうことにより，生産量ははるかに増加しているのである．つまり，点在する町工場をシステム化された工業

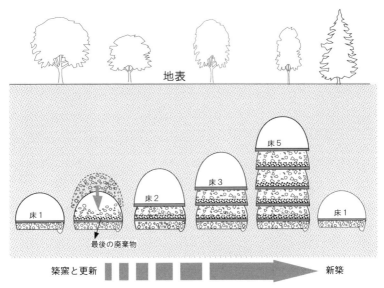

図1.7　窯の更新模式図　（小野，2018より）

団地に集約した状況といえようか.

　14世紀までの窯場は，燃料となる薪，資源となる木が優先された．窯の周辺で木を使い切ってしまうと，次に木のある地に窯を移動し，数十年たって木が成長したら戻るといった「刈り回し」という方法であった．一方，前述のように，15世紀に窯場が固定化されると，燃料となる薪や窯の構造材である耐火石などを，窯場に運んで運営する方法に切り替えた．これにより，固定化が可能になったが，材料や燃料，さらには製品を運搬するには大きな労力を必要とするようになる．窯の大型化・固定化に伴ってハード面だけではなく，ソフト面の改善も必要となるが，それについては後述する三つめの改革で克服していくことになる．

b．製品の画一化，限定化

　二つめは，瀬戸大窯と同じく，製品の器種とサイズを限定して生産するようになったことである．越前焼の主な器種は甕・壺・擂鉢で，ほかに瓶子・水注・鉢などが生産されていたが，15世紀後半以降，甕・壺・擂鉢を主要な生産器種とし，さらにサイズを大・中・小などいくつかに画一化して生産するようになる．

　画一化した製品を作ることは，粘土からの成形・整形段階での省力化となることはもちろんであるが，窯場においても作業効率がよい．まず，窯詰めの際に効率よく製品を並べることができ，無駄な空きスペースがなくなる．また，窯の中にぎっしりと窯詰めすることにより，窯内の熱効率がよくなることは，瀬戸大窯と同様である．

c．生産組織の改革

　三つ目の改革は生産組織である．

　越前焼の甕や壺の多くには，「スタンプ」と呼ばれる押印や，「へら記号」と呼ばれる手書きのへら描きがみられる．小野は窯跡や消費地遺跡で出土した越前焼陶片にみられるスタンプやへら記号を分類・分析し，15世紀後半からそれらの種類が増加し，かつ複雑化することを指摘している（小野，2006）．さらに，スタンプとへら記号の組合せを詳細に検討した結果，スタンプは職人個人のマーク，へら記号は生産単位を示す集団，工房ごとの製品を識別するためのマークと結論づけた．

　図1.8の大甕の肩部に並列して押されている格子目と「本」の組合せがスタンプで，フリーハンドで描かれた「木」がへら記号である．写真でわかるように，

1.3 大量生産時代の到来

図 1.8 大甕のスタンプとへら記号（福井県教育委員会所蔵）

図 1.9 大甕のへら記号（国立歴史民俗博物館 2013 より）

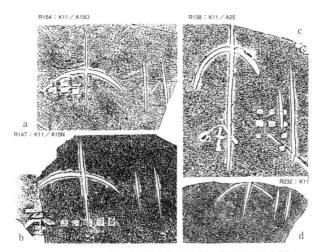

図 1.10 スタンプとへら記号の組合せ（1）（小野 2006 より）

スタンプは1種類に限られ，異なるスタンプが同じ甕に押されることはなく，また大甕のみにみられるという．へら記号は最盛期の16世紀には7種類の基本形とそのバリエーションにより約50種類が確認できる．

　それでは，スタンプとへら記号の組合せを具体的にみてみよう．図1.10は同じへら記号（K11）と異なるスタンプがみられる例である．aとbはへら記号・スタンプとも同じであるが，cのスタンプは異なり，へら記号の描き方のクセも若干異なっている．dはスタンプはみえないが，へら記号の描きクセはa・b・cとは違うようにみえる．a・bのスタンプを押す職人とc，dのスタンプの職人が同

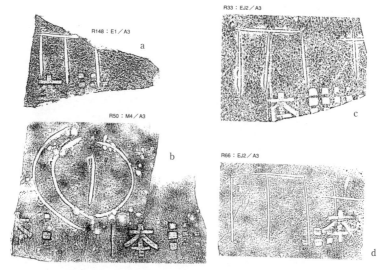

図1.11 スタンプとへら記号の組合せ（2）（小野，2006より）

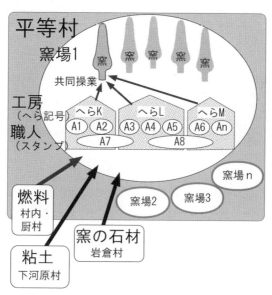

図1.12 平等村の生産システム（小野，2018より）

じへら記号を共有している状況であり，同じ生産単位，工房に属していることを示している．

次に図1.11は同じスタンプと異なるへら記号の組合せである．図に示した四つのスタンプは同一のものである．このうちc・dはへら記号が同じであるが，a・bは異なるへら記号が描かれているので，別の工房ということになる．一人の職人が複数の工房で仕事をしている状況を示しているのであろう．

また，小野は発掘調査で出土した陶片のスタンプとへら記号を出土状況にあわせて整理し，図1.12のような生産の場を想定している．一つの窯場において，へら記号にあらわれる複数の工房と，スタンプにあらわれる複数の職人の共同作業を具体的に知ることができる．さらに，窯場における共同作業は，製品の製作・焼成に限られず，材料となる粘土や窯を作る石材や燃料となる薪の調達にいたるまで行なわれていたことも考えられる．

このように15世紀後半以降の越前焼の窯場のようすがみえてきたわけであるが，この状況を具体的に伝える史料が残されている．越前町の劒(つるぎ)神社が所蔵する天正5年(1577)の「御神領分平等村田畠居屋敷指出状」(図1.13)である．平等村が検地を受けて劒神社に納める負担を申告したもので，村の百姓24名の名前と略押(りゃくおう)がついている．この略押に，先に示した越前焼陶片のへら記号と一致するものがみられる．図1.9，1.10は「道音衛門」，図1.8，1.14は「前兵衛」，図1.15は「おや衛門」であろう．つまり，これら指出状に記名した平等村の百姓たちが工房を経営していた主体者であることがわかる．

小野の抽出したへら記号は約50種確認されている一方で，指出状にみえる略押のなかには遺跡で見つかっていないものもある．工房の数を具体的に知り得る資料はないが，多くの工房の親方と思われる百姓たちと，その下の職人たちの組織化というソフト面における発展も，越前焼の大量生産を可能にした大きな要因である．

1.4　中世の終焉と国産磁器のはじまり

戦国時代の終わり，豊臣政権が成立した頃，瀬戸の窯は大窯から連房式(れんぼうしきのぼりがま)登窯に変わる．また，江戸時代のはじめ，九州では有田で磁土が発見され磁器生産が

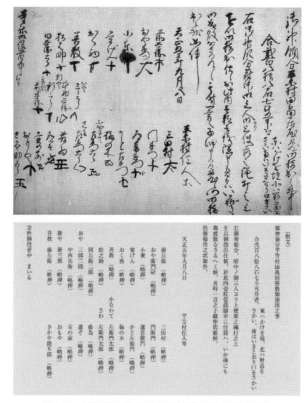

図 1.13 御神領分平等村田畠居屋敷指出状（劔神社所蔵 写真提供：越前町教育委員会）

図 1.14 大甕のへら記号（国立歴史民俗博物館，2013 より）

図 1.15 大甕のへら記号（国立歴史民俗博物館，2013 より）

始まる．国内のやきもの生産はまた新たな段階へと進んでいくこととなる．

　やきもの生産は，中世のはじまり・戦国時代・近世と，時代の変化とともにさまざまな変革を遂げてきた．社会の変革と生産体制の変化が連動することは，やきものに限られたことではなく，すでに多く指摘されていることである（中島，2015）．

　最後に，中世のやきものの変革の背景は単に生産技術の進歩だけではなく，各地に成立した中世都市に住む消費者のニーズによるところが大きいことを指摘しておきたい．そして，生産地と消費地をつなぐ流通に関わる人々，「商人」の存在も忘れてはならないだろう．中世のやきものの発展と変革は，京都や鎌倉のような中核都市，戦国大名の城下町とそれらを取り囲む衛星的な小都市，町場，宿，市，集落などの多層化する消費者の存在と，その変化に対応するための，生産地の試行錯誤の姿でもある．中世は生産地と消費地が連動して変容，変革，発展していく時代であった．

参考文献

井上喜久男（2010）中世のやきもの―六古窯とその周辺―．特別展 古陶の譜 中世のやきもの―六古窯とその周辺，MIHO MUSEUM ほか．
今小路西遺跡発掘調査団・鎌倉市教育委員会（1990）今小路西遺跡（御成小学校内）発掘調査報告書．
小野正敏（1989）平等岳ノ谷窯跡群の調査概要．東日本における中世窯業の基礎的研究，国立歴史民俗博物館．
小野正敏（1997）戦国城下町の考古学―一乗谷からのメッセージ―（講談社選書メチエ），講談社．
小野正敏（2006）戦国期の都市消費を支えた陶器生産地の対応―越前焼を例に―．国立歴史民俗博物館研究紀要，127集．
小野正敏（2018）城下町一乗谷と越前焼―都市を支えた生産，生産地を育てた都市．一乗谷朝倉氏遺跡資料館紀要2016．福井県一乗谷朝倉氏遺跡資料館．
国立歴史民俗博物館（1998）陶磁器の文化史，展示図録．
国立歴史民俗博物館（2013）時代を作った技―中世の生産革命―．展示図録．
国立歴史民俗博物館（2015）大ニセモノ博覧会―贋造と模倣の文化史―，展示図録．
小山冨士夫（1947）越前古窯の発掘．陶磁味第1号，博雅書房．
小山冨士夫（1974）日本六古窯の思い出．別冊歴史手帖，No.2．
杉本寺周辺遺跡発掘調査団・鎌倉市教育委員会（2002）杉本寺周辺遺跡　二階堂字杉本912番ほか地点発掘調査報告書．

田中照久（1994）九右衛門窯焼成実験の記録．越前古陶とその再現，出光美術館．
田中照久（2010）越前焼．特別展 古陶の譜 中世のやきもの―六古窯とその周辺，MIHO MUSEUM ほか．
中島圭一（2015）中世における生産の二つの画期．中世を終わらせた「生産革命」―量産化技術の広がりと影響―，平成 23 ～ 26 年度科学研究費補助金基盤研究 B 研究成果報告書（研究代表中島圭一）．
藤澤良祐（1998）瀬戸の施釉陶器と中国陶磁．「陶磁器の文化史」―国立歴史民俗博物館展示図録．
藤澤良祐（2002）中世都市鎌倉における古瀬戸と輸入陶磁―中世前期の補完関係について．国立歴史民俗博物館研究報告，94 集．
藤澤良祐（2003）瀬戸・美濃大窯の生産と流通．戦国時代の考古学，高志書院．
藤澤良祐（2007）総論．愛知県史 別編 2 中世・近世瀬戸系，愛知県．
藤澤良祐（2013）戦国期の施釉陶器―瀬戸焼―．「時代を作った技―中世の生産革命―」国立歴史民俗博物館展示図録．
水野九右衛門（1983）中世の越前古窯．福井県窯業誌，福井県窯業誌刊行会．
村上雅紀（2006）越前焼．越前町織田史（古代・中世編），越前町教育委員会．
MIHO MUSEUM ほか（2010）特別展 古陶の譜 中世のやきもの―六古窯とその周辺．

第2章 中世の木材加工における技術革新

鈴木康之

　中世考古学の研究においては，土器・陶磁器を中心とする研究が早い段階から進められてきている．年代決定の基準となる型式編年をはじめとして，生産・流通・消費に関する研究など，現在の中世考古学の枠組みを形成する重要な成果が，この分野で蓄積されてきた．いっぽう，原材料が動物・植物に由来するいわゆる有機質の遺物に関する研究は，相対的に遅れている分野といわざるをえない．これは中世だけではなく，あらゆる時代の考古学に共通する課題であるが，有機質の遺物は地中で腐敗・消滅しやすく，良好な出土資料に恵まれないことに主要な原因が求められる．さらに，有機質の遺物には脆弱なものが多く，出土後の取り扱いや保管に手間がかかるため，研究資料として活用しにくいことなども要因としてあげられる．

　いうまでもなく，有機質の遺物から得られる情報は決して土器・陶磁器などに劣るものではない．素材となった動物・植物が生息した当時の環境や，それらの資源を人々がいかに獲得・加工・利用してきたのか，あるいは年代測定の試料としての可能性など，考古学研究に有効な情報を豊富に保有している．物理的な制約から収集・分析が困難な情報を読み取り，研究資源として活用するまでの方法論を確立することが，考古学研究の成果をより豊かなものにしていくための重要な課題となっている．

　この章では，豊富な地下水によって多くの有機質の遺物が良好な状態で出土したことで知られる広島県福山市の草戸千軒町遺跡を中心に，木材を原材料とするいくつかの出土遺物を取り上げる．そこに示された木材加工技術の実態と，その背後に予想される社会の状況を論じることにより，有機質遺物研究の重要性と可能性を展望したい．

2.1 木材加工技術の革新

(1) 打割製材法を基盤とする木材加工

日本中世における木材加工技術の変遷過程において，最大の画期と考えられているのが，製材用の縦挽鋸である大鋸(おが)（図2.1）の出現である．

木材加工用の鋸(のこぎり)には，縦挽鋸と横挽鋸の2種類があり，両者は歯の形状が異なっている．木材組織に平行して（縦方向）裁断するのが縦挽鋸(rip saw)，組織に直行して（横方向）裁断するものが横挽鋸(crosscut saw)である．現代の鋸にみられるこうした形状と機能の区別が，そのまま中世にまでさかのぼれるかどうかについては不明確な点もある．しかし，出土資料や絵画資料などによる限り，中世のある段階まで，

図 2.1 大鋸の復元（国立歴史民俗博物館所蔵．口絵3参照）

図 2.2 『春日権現験記絵』（宮内庁三之丸

2.1 木材加工技術の革新

日本列島において横挽方向に裁断する鋸は確認できるものの，縦挽方向に裁断する鋸を確認することはできない．縦挽鋸と横挽鋸とは，それぞれ別の道具として存在した可能性が高い．

そもそも，伐採した丸太から建築などに利用できる長い板材を得るためには，縦方向に分割する必要がある．縦挽鋸である大鋸が出現するまでの日本列島においては，この製材の作業に鋸が使われておらず，鑿や楔を材に打ち込んで木理に沿って割り裂くことによって板材を得ていたのである．このような製材法を「打割法」あるいは「打割製材法」などと呼び，縄文時代にまでさかのぼることのできる伝統的な技術であった．いっぽう，大鋸など製材用の縦挽鋸を用いる方法は，「挽割法」と呼んでいる（村上，2012）．

鎌倉時代から南北朝時代にかけて描かれた寺社縁起絵巻からは，大鋸が出現する前段階の木材加工の状況をうかがうことができる．たとえば，延慶2年（1309）成立といわれる『春日権現験記絵』巻一の竹林殿の作事場面では，現場に運び込まれた厚い板材を必要な部材へと加工する状況が描かれている（図2.2）．作事場では，厚い板材に鑿を打ち込んで打割のための溝を彫る者，板材の表面を手斧や槍鉋で平滑に加工する者などが描かれている．また，画面奥の作事小屋のなかでは，木の葉形鋸と呼ぶ独特の形状の鋸を使う者もいる．この鋸は木の葉を半裁したような独特の形状を持つ鋸で，この時期の寺社縁起絵巻には，いずれも横挽鋸

尚蔵館所蔵）に描かれた作事場

として使用される状況が描かれている．なお，描かれた作事場には厚手の板材が積み上げられているものの，伐採された丸太を板材へと加工する場面は描かれていない．おそらく，丸太から板材への加工は，伐採された木材が消費地にいたるまでの別の場所で行なわれていたのだろう．

こうした描写からは，南北朝時代頃までの日本列島における木材加工の技術体系は打割法を基礎とし，打割製材で得た材の表面をまず手斧である程度平滑に整え，より平滑な表面が必要な場合には槍鉋で仕上げるという加工工程が復元できるのである．

(2) 製材用縦挽鋸「大鋸」の登場

打割法は樹木が木理に沿って割れる特質に依存しているため，その加工は材の素性に左右されることが多かったに違いない．つまり，幹の成長のねじれや節の存在などから，必ずしも思うような材を得ることができないこともあり，木材資源の効率的な利用といった点からは限界があったものと考えられる．こうした限界を打破するのが，木理にかかわらず板材を裁断することのできる縦挽鋸・大鋸の導入であった．

大鋸は，中国大陸から伝来した道具だと考えられているが（村松，1973），その出現時期や経緯については，いまだ明らかでない点が多い．日本列島に現存する大鋸で最も古いと考えられているものは，兵庫県神戸市の石峯寺に伝わる15世紀頃のものである（村松，1973）．いっぽう，絵画資料においては，鎌倉時代末の14世紀初頭に成立した兵庫県多可町極楽寺蔵の「六道絵」に，枠にはめられた状態の大鋸が描かれている．この「六道絵」の表現には大和絵の特徴が認められることから国内で制作されたものと考えられており，鎌倉時代末にはすでに大鋸が存在した可能性もある（土屋・石村，1991）．ただ，土屋と石村も指摘するように，この「六道絵」に描かれた鬼が大鋸を挽くモチーフは，地獄絵のモチーフとして中国から伝来したもので，国内の絵師が大鋸の存在を前提に描いたものとは断定できない．たとえば，滋賀県東近江市永源寺に伝わる陸信忠筆「地獄十王図」は南宋から元にかけての作品とされているが，大鋸を挽く鬼のモチーフが描かれており（奈良国立博物館編，2009），極楽寺「六道絵」もこのような舶載した作品の影響下に成立した可能性が高いように思われる．

また，建築部材そのものに残る縦挽鋸の痕跡としては，島根県安来市清水寺根本堂（明徳4年(1393)）の14世紀末の例が初見とされており，15世紀以降には事例が増加するという（渡邉，2004a）．後述するように，13世紀中頃から16世紀初頭にかけて存続した広島県草戸千軒町遺跡に使用された井戸材には，製材用の縦挽鋸の痕跡を確認することができない．こうした資料の状況からは，大鋸は14世紀末までには出現した可能性が考えられるものの，その普及には時間を要したようで，15世紀を通して次第に普及し，16世紀以降に一般的になっていったことが想定できるだろう．

(3) 技術革新の影響

打割法に代表される日本列島の伝統的な木材加工技術体系は，ヒノキ，コウヤマキ，スギといった木理の通った針葉樹に適したものであった．もちろん，その他の多様な樹種を利用・加工する技術も存在していたはずであるが，建築・土木といった大型の部材を加工する分野に関しては，木理の通った針葉樹に最適化された技術体系が継承されていたのであろう．

こうした伝統的な技術体系は，大鋸の導入によって大きく転換することになる．縦挽鋸の採用によって木理の制約を受けない製材が可能になり，効率的に木材資源が利用できるようになったのである．その背景には，良質の木材資源の枯渇という事情があったと考えられている（村松，1973，1997）．打割法に適した良質の木材が減少したことにより，それまで敬遠されていた木理の通っていない材を積極的に活用せざるをえなくなり，木理の制約を受けずに製材できる大鋸が導入されたというのである．ただ，前述のように大鋸の登場から普及にいたるまでに一定の時間を要している状況からは，当時の列島の社会に大鋸の利点が紹介され，ただちに受容・普及していったとは考えにくい．木材資源の枯渇の実態を具体的に明らかにするとともに，それ以外の要因についても検討してみる必要がある．

いずれにせよ，大鋸の出現・普及は，社会にさまざまな変化を呼び起こすことになった（今谷，1988）．大鋸の利用によって規格的な板材を量産することが可能になり，建築工事における原材料の供給が効率化することになった．さらには，表面の平滑な板材が得られることにより，現在も一般的に使われている台鉋の

利用が促進され，木材加工の技術体系が大きく転換したことが想定できるのである（村松，1973）．

木材加工技術の転換は，中世の住宅建築の様式にも影響を与えたようである．中世における日本の住宅建築の変遷は，古代の寝殿造（しんでんづくり）から近世の書院造（しょいんづくり）へと移行する過程として説明されることが多い（玉井，2008）．そこでは，儀礼を重視した寝殿造の開放的な空間が，舞良戸（まいらど）（引戸）などの建具によって仕切られていくとともに，床の間や格天井など，書院造を特徴づけるさまざまな要素も生まれてきた．このような構成要素は，いずれも細かな部材の加工が前提となって成立するものであり，やはり規格的な木材加工が普及したことが影響していると考えられる．

2.2 出土井側部材にみる木材加工

(1) 草戸千軒町遺跡の井戸材

ここでは，中世における木材加工技術の実態を，草戸千軒町遺跡の出土品によって概観してみよう．

草戸千軒町遺跡は，瀬戸内海のほぼ中央部北岸に位置する集落遺跡である．1961年以降30年余にわたって発掘調査が実施され，13世紀中頃から16世紀初頭にかけて存続した港湾集落の跡であることが明らかになった．この集落跡は，芦田川河口に形成された三角州という軟弱な地盤の上に立地している．その立地のためか，これまでに調査された209基の井戸跡のほとんどには，土砂の崩落を防ぐための井側（いがわ）（井戸枠）が埋設されていた．井側の材質には木・石・陶器などがあるが，大多数を占めるのは木組の井側で，全体の83％に相当する173基が木組の井側を持っていた．これらの木組井戸のうち，約150基については井側を解体して部材を取り上げており，その大部分は広島県立歴史博物館の屋外水槽に水漬け状態で保管されている（鈴木，2015）．

この遺跡の木組井戸は，井側の平面形から大きく方形・多角形・円形の3種類に分類することができる．方形の井側には，板材を縦方向に使う縦板組と（図2.3A），板材を横方向に使う横板組（図2.3B）とがある．多角形のものは，板材を縦方向に組んでおり（図2.3C），板材長側面を雇枘（やといほぞ）によって接合するものが多

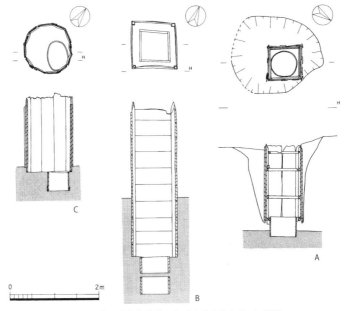

図 2.3 草戸千軒町遺跡における代表的な井戸の構造

い．また，円形のものは，曲物(まげもの)や結物(ゆいもの)を埋設するものが多くを占める．

　集落内の井戸の分布状況を分析すると，井側の形態・構造と井戸の立地に一定の関連性が認められる．このことから，井側の構造には井戸の「格」が反映されていたと考えられる（岩本, 1993）．すなわち，遺構・遺物の質・量が卓越し，集落経営の中枢を担ったと考えられる「中心区画」と呼ぶ区域には多角形縦板組の井戸が集中し，最も「格」の高い井側構造であったと判断できる．これに次ぐのが方形横板組の井戸で，「中心区画」の外側に隣接する区域や，そこから離れた区域でも，それぞれの区域の中核的な場所に立置している．これらに対して，最も普遍的・一般的な井戸と判断できるのが方形縦板組の井戸で，集落全域に分布する状況が認められる．

　また，井戸の「格」は，構築された井側に用いられた木材の質にも示されている．「格」の高い井戸と考える多角形縦板組や方形横板組の井側には，厚さが 3 cm を超えるような厚手で良質な板材が用いられているのに対して，普遍的な井戸とした方形縦板組の井側には，厚さが 2 cm に満たない薄手の板材が用いられてい

ることが多い．このような井戸の「格」は，井戸の構築された区域の住人の階層や，その区域が集落において果たす機能などを表現するものと考えられるが，その具体的な内容については明らかにできていない．

(2) 井戸材に残る加工痕

　前述のように，この遺跡で出土した木製井側の大部分は水漬け状態で保管しているが，出土資料を展示などで公開・活用するためには水漬けのまま保管するわけにはいかず，何らかの方法で保存処理しなければならない．しかし，保存処理によって失われてしまう情報があることにも留意する必要がある．たとえば，ここで示すような木製品の加工痕もその一つである．水に濡れた状態の木製品の加工痕は比較的容易に観察することができるが，保存処理を経て乾燥した状態の資料では，加工痕を観察することが容易ではない．保存処理に際してはその点も十分に考慮し，事前に必要な情報を記録するなどの対策が求められる．草戸千軒町遺跡の井戸材は大型の木製品であるため，展示室での公開には制約が多い．そのため，ごく一部の資料を除いては保存処理が施されておらず，加工痕の観察が可能な状態で保管されてきたのである．

　さて，井側に残る木材加工の痕跡を観察してまず気づくことは，13世紀中頃から16世紀初頭にかけての井側が，確認できるものほぼすべてにおいて打割法によって製材されており，明確に縦挽鋸の痕跡と判断できるものが存在しないことである．14世紀代末には出現していた可能性も想定される大鋸ではあるが，少なくとも備後南部の瀬戸内海沿岸に位置するこの集落に関する限り，16世紀初頭にいたるまで大鋸による製材は一般的ではなかったと考えざるをえない[1]．

　打割法によって割り裂かれた材の表面には，木理に沿ってフレネルレンズ状の凹凸が残るため，これを平滑に調整するために手斧が用いられた痕跡が多く確認できる．遺跡からは手斧の実物も出土しており（図2.4），こうした手斧が実際の加工に用いられたのであろう．そして，さらに平滑な表面が必要とされる場合には，槍鉋による調整も行なわれていた．加工痕を観察した井戸材には，打割製材による凹凸をそのまま残す材（図2.5），手斧による調整痕を残す材（図2.6），槍鉋による調整痕を残す材（図2.7）のいずれも確認することができる．さきに『春日権現験記絵』の描写から復元したような加工工程を，実際の出土資料からたど

2.2 出土井側部材にみる木材加工

図 2.4 草戸千軒町遺跡出土の手斧（左）とその復元品（右）

図 2.5 打割製材による凹凸を残す井戸材

図 2.6 手斧による調整痕を残す井戸材

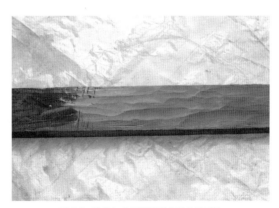

図 2.7 槍鉋による調整痕を残す井戸材

ることができるのである．

　なお，井戸の構築後に目に触れる井側の内側は，多くの場合手斧などの工具で平滑に調整されているが，土に埋もれて見えない井側の外側，すなわち掘形側には，図2.5のような凹凸を残すものが多い．井戸としての使用時に見える面と見えない面を意識していたことは，木材の木取りからもうかがうことができる．一般的に板材は，製材される前の丸太の状態で樹皮の側にあった面を「木表」，その反対の芯（髄）の側にあった面を「木裏」と呼ぶが，確認できるほとんどの井側の部材において，見える面，すなわち井側の内側に木表を向け，掘形になって見えない面に木裏を向けている．板目材は木表の側に平滑で美しい面が出るといわれ，縦挽鋸や台鉋を用いる現代においても，人目に触れる側には木表を用いるのが一般的である．打割製材が行なわれていた当時は，木裏には前述のようなフレネルレンズ状の凹凸が出るため，いっそうその傾向は顕著であったに違いない．

　また，井側の部材にはさまざまな仕口が加工されているのを確認することができる．最も多くみられるのは柄を加工する部材である．柄を加工する際には，墨差などによって柄を切り出す位置にあらかじめ線を引き（図2.8），そこに横挽鋸で切り込みを入れ，最後に鑿によって不要部分を叩き落としている（図2.9）．こうした手順で柄を加工すると，鋸で柄の基部を挽き込みすぎることがあり，柄の強度を落とす可能性があるため，現在では避けられている方法だという．しかし，草戸千軒町遺跡の井側で確認できる柄は，ほとんどこの手順で加工されており，実際に柄の基部にまで鋸を挽き込んでいる例もいくつか確認できる．すなわ

図2.8　墨差による線を残す井戸材

図2.9　井戸材にみる柄の加工

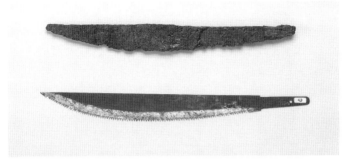

図 2.10 草戸千軒町遺跡出土の木の葉形鋸（上）とその復元品（下）

ち，柄の加工において鋸はあくまで横挽鋸として利用されており，縦挽方向に利用されなかったことがここからもわかる．こうした仕口の加工などに使われたことが想定できるのが，絵巻物にも描かれた木の葉形鋸で，草戸千軒町遺跡では鎌倉時代後期の溝状遺構から木の葉形鋸の実物も出土している（図 2.10）．

(3) 廃棄された木材

井戸材以外に，この集落における木材加工の実態をうかがうことのできる資料として，作事場の廃棄物を埋めた溝状遺構の出土資料を紹介しておきたい．この遺構は，先に集落経営の中枢を担った場所とした「中心区画」の東南端に位置する SD1375（遺構番号）である．この遺構には，鎌倉時代後期に「中心区画」で建築工事が活発に進められた際に生じた廃材が捨てられており，そのなかにいわゆる「鼻繰（はなぐり）」が多数含まれていることが注目される．

鼻繰とは，木材の端部にあけられた縄掛けのための穴（桟穴（えつりあな））の部分を意味する．作事場に木材を搬入する際には，この穴に縄を掛けて運搬したことが，絵巻物にも描かれている．木材から部材を加工する際には不要になるため，通常は現場で切り捨てられている．SD1375 からは 68 点の鼻繰が出土しており，穿孔の加工がおもに手斧や鑿によって行なわれていたことや，端部の切り離しが横挽鋸によって行なわれていたことなどが加工痕から確認できる．

出土した鼻繰は，その加工形態によって次の 3 種類に分類されている（岩本，1984）．

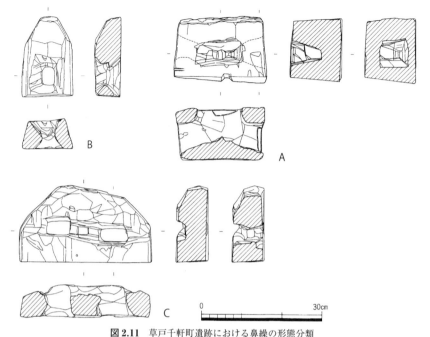

図 2.11 草戸千軒町遺跡における鼻繰の形態分類

（A）材の上面および両側面の3方向から孔を穿ったもの（図2.11A）．
（B）一つの孔を上下両面から穿ったもの（図2.11B）．
（C）二つの孔を上下両面から穿ったもの（図2.11C）．

こうした形態の違いは，樹種の違いを示すことが明らかにされており，（A）がヒノキ，（B）がスギ，（C）がコウヤマキに対応する．この遺跡ではSD1375以外にも鼻繰が出土しているが，ほとんどの鼻繰の形態はこの3種に分類することができる．すべての資料を樹種鑑定したわけではないが，集落に搬入される木材の加工方法が樹種ごとに決まっていた可能性が高い．ただ，こうした鼻繰の形態と樹種との対応関係が意味するところについては，十分に検討できていない．たとえば，桟穴にみられる規格性が特定の供給地に対応するものなのか，あるいは供給地を越えた広い範囲で，樹種ごとに桟穴の形態が共有されていたのかなどについては，さらに広範な地域の遺跡のデータを収集したうえで検証すべき課題である．

なお，(A) や (B) の鼻繰は幅に比べて厚みのある材に加工されていることから，これらの材は作事場でさらに薄い板材などに分割された可能性が考えられる．つまり，搬入時に必要な寸法の部材にあらかじめ加工されてはおらず，その都度必要な寸法の材に加工されていたのであろう．これは絵巻物に描かれる作事場の状況と同様で，規格の整った材を量産することは困難であったと考えられる．この点にも，打割製材の効率性の限界をみることができる．

2.3 桶の展開と製作技術

(1) 構造による桶の分類

日本列島において伝統的に利用されてきた木製容器の一つに，桶と呼ばれる円筒形の容器がある[2]．現在では金属や合成樹脂の製品の普及により目にする機会はめっきり少なくなったものの，少なくとも数十年前まで，桶は日常生活や産業に欠くことのできない容器であった（小泉編, 2000）．

桶は，胴部の構造から大きく3種類に分けることができる．まず一つは「曲物」である．これはヒノキなどの針葉樹を薄く剝いだ板を丸め，サクラの樹皮などで綴じたものを胴部にしたものである．次は「刳物」で，丸太材を刳り抜いて筒形に加工したものを胴部としたものである．最後が「結物」で，短冊形の板（樽板・側板）を円筒形に並べ，それを竹を編んだ箍で締め付けることによって固定したものである．それぞれに底板として，円形板が嵌め込まれていた．

最も早くから存在したことが確認できるものは刳物で，西日本の日本海沿岸を中心とする地域で弥生時代の出土例が確認できる．続いて確認できるのが曲物で，7世紀代のうちに宮都の井戸に埋設されるようになり，その後中世にかけて広範に利用されるようになる．結物は出現時期が遅く，11世紀後半から12世紀にかけて当時随一の対外貿易港であった博多の井戸に埋設された事例として出現する．しかし，同時代には北部九州以外に拡散することはなかった．ところが，13世紀後半から14世紀にかけて瀬戸内以東の地域でも出土例が確認できるようになり，15世紀以降には全国的に出土事例が増加する（鈴木, 2002a）．

3種類の桶には，それぞれ利点と欠点があった．曲物は製作が比較的容易で，中世を通じて最も多くの出土例がある．薄板を胴部としているために重量を軽く

できるという利点があるものの，そのために強度には限界があり，大型品を作りにくいという欠点があった．これに対して，刳物は丸太材を胴部に利用するため，直径の大きな丸太があれば大型品も製作でき，十分な強度も得られる．ただし，重量は重たくなり，丸太材を刳り抜くことから木材資源の無駄も多かったと思われる．そして，曲物・刳物の欠点を克服できるのが結物であった．短冊形のパーツを組み合わせることによって胴部を構成するため，小型品から大型品までさまざまな寸法の製品を製作することが可能になるとともに，木材資源を有効に利用することもできた．重量も，刳物に比べると軽く製作することができた．

このように，曲物・刳物の欠点を補う優れた機能を持つ結物ではあるが，前述のように11世紀後半には北部九州地域に登場するものの，列島の多くの地域に普及するのは15世紀を待たねばならなかった．そこには，おそらく製作技術の壁が存在していたものと思われる．短冊形の樽板を何枚も並べる結物を容器として機能させるためには，樽板相互の接合面を正確に加工し，内容物が漏れないようにする必要があった．結物がいち早く貿易港・博多における井側として出現すること，あるいは北宋の都・開封(かいほう)近郊を描いたとされる「清明上河図(せいめいじょうがず)」に多くの結物がみられることなどから，結物は中国から伝来したことが考えられるが，当時の国内には板材の側面を正確かつ効率的に加工する技術がなかったに違いない．15世紀になって結物が列島で普及したのは，側面加工をはじめとする技術の壁が克服されたことが背景にあったのではなかろうか．実はこの点についても，草戸千軒町遺跡の出土資料は重要な手がかりを提供しているのである．

(2) 桶の利用状況の変化

草戸千軒町遺跡からは，大小さまざまな寸法の桶が出土している．小型品としては，土坑などに廃棄された曲物の断片や，結物の樽板などがあり（図2.12），大型品には井戸に埋設された曲物・刳物・結物がある．こうした出土資料によって，鎌倉時代には刳物と曲物が寸法によって役割分担していた状況が復元できる（鈴木，2002a）．すなわち，小型の桶としては曲物が利用され，強度を保つことが可能な刳物は大型品に利用されていた．結物は鎌倉時代後期には登場しているものの，この段階では出土量は少ない．結物の出土量が増加するのは室町時代になってのことで，15世紀後半以降には小型品・大型品ともに半数以上の桶が結物に

2.3 桶の展開と製作技術

図 2.12 草戸千軒町遺跡出土の結物樽板

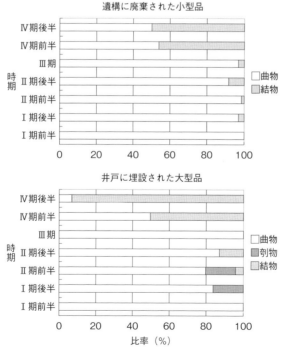

図 2.13 草戸千軒町遺跡における桶の出土比率の変遷

よって占められるようになる（図 2.13）．また，室町時代には刳物の出土は確認できなくなり，大型容器の役割はもっぱら結物が担うようになっていたらしい．曲物は小型品が室町時代にも出土しており，小型品としては中世を通じて利用されていた．

以上のような出土比率の変化から，瀬戸内海沿岸に位置する港湾集落においては鎌倉時代後期に結物が登場し，室町時代になって急速に普及していく状況が確認できる．ただ，注意しなければならないことは，大型の結物は井側として埋設された事例が大部分を占めるが，これらの結物を観察すると，底板の嵌められていた痕跡がほとんど確認できないことである．つまり，当初から井側に埋設する目的で，「筒」として製作されていたと考えられるのである．したがって，前述のような変遷が容器としての結物の利用状況を正確に反映しているとは限らない．しかし，室町時代に結物構造の井側が増加していることは間違いなく，後述するように，結物を効率的に製作するための技術が導入されていたことが確認できる．こうした技術は容器としての結物においても導入されていたと考えて問題ないだろう．

(3) 桶にみる技術革新

室町時代における結物の急速な普及の背景には，樽板の加工技術の革新があったことが予想できる．以下，出土木製品に残る加工痕から，その点を検証していく．

図 2.14 は，鎌倉時代後期（14 世紀前半）の井戸に埋設された結物の樽板側面にみられる加工痕である．横方向のストロークが幾筋にもわたって施されているの

図 2.14 鎌倉時代の結物の加工痕

2.3 桶の展開と製作技術

図 2.15 室町時代の結物の加工痕（1）

図 2.16 室町時代の結物の加工痕（2）

図 2.17 室町時代の結物の加工痕（3）

が確認でき，槍鉋による加工だと判断できる．これが，室町時代（15 世紀後半）の井戸に埋設された結物になると，樽板側面は図 2.15 のように平滑に加工されるようになっている．また，図の中央に刃先が食い込んだような痕跡がみられ，刃先を一定の角度に固定したまま部材の上面を移動させるような工具が想定できる．図 2.16 も室町時代の井戸に埋設された結物の例であるが，工具を移動させる際に刃先が細かく波打つように動いた痕跡が残る．図 2.17 は遺構に廃棄された小型の結物の例であるが，やはり細かく波打つような刃先の動きを確認することができる．

現在の結物の加工には，正直鉋と呼ばれる工具が使用されている．これは台鉋の刃先を上向きに置いた形状の工具で，その上面に樽板を押しつけながら移動

させることによって接合面を切削する．室町時代の出土資料にみられる加工痕が，正直鉋によるものかどうかは断定できないものの，それに類する工具によって，樽板側面の正確な加工が可能になっていたことを示している．こうした加工痕は，刃部の両端に柄を持つ鐱(せん)と呼ばれる切削用の工具によっても形成されるため，筆者は鐱状工具による加工痕と仮称している（鈴木，2002a）．

また，側面加工のための新たな工具の採用によって正確で効率的な加工が可能になったことは，結物を構成する樽板の枚数からもうかがえる．表2.1には，14世紀初頭から16世紀初頭にかけての井戸に埋設されていた結物を構成する樽板の枚数を示した．複数の数値を示すものは，二つあるいは三つの結物を積み上げて埋設したものである．これをみると，14世紀初頭には17枚であったものが，15世紀後半には20枚を超えるようになり，15世紀末には40〜50枚を超えるものもみられるようになる．結物を多くの樽板で構成すれば，当然樽板相互の接合面の数も増える．そうした接合面を正確に加工し，樽板を量産する技術が確立していたからこそ，この時期における結物の急速な普及が可能になったのであろう．

ただし，鐱(せん)状工具による加工痕は，実は14世紀代の井戸材にもみいだすことができる．「格」が最も高い井戸とした多角形縦板組の井戸では，板材相互の接合面の加工にやはり鐱状工具が用いられていることが確認できる（図2.18）．しかし，同時期の結物には鐱状工具による加工が確認できないのである．つまり，工具の存在が，ただちに技術の革新へと結びついたわけではなかったらしい．この点は，前述した大鋸の出現が14世紀代にさかのぼると考えられながらも，普及に時

表 2.1 結物を構成する樽板枚数の変化

調査次数	遺構番号	廃絶時期	直径 (cm)	高さ (cm)	側板の数
6	SE123	II期前半（14世紀初頭）	60	53	17
28	SE1980	II期後半（14世紀前半）	50	50	14
44	SE4860	II期後半（14世紀前半）	81	103	20
23	SE1250	IV期前半（15世紀後半）	75	125	27
49	SE6103	IV期前半（15世紀後半）	62	115	25
6	SE128	IV期後半（15世紀末〜16世紀初頭）	87	80	53
6	SE131	IV期後半（15世紀末〜16世紀初頭）	97	73	54/60
7	SE190	IV期後半（15世紀末〜16世紀初頭）	65	80	?/50
21	SE1155	IV期後半（15世紀末〜16世紀初頭）	80	97	40/38
35	SE3335	IV期後半（15世紀末〜16世紀初頭）	86	76	51/53/57
40	SE4120	IV期後半（15世紀末〜16世紀初頭）	86	76	44/46

図 2.18 多角形縦板組井戸に残る加工痕

間を要したことにも共通する現象である．特定の技術や道具が，単に優れているからといって直ちに受容されるものではなく，そこにはさまざまな社会的な条件が必要とされていたことを考えさせる．

2.4 漆工の技術

(1) 漆器考古学の進展

各地で中世遺跡の発掘調査事例が蓄積されてくる 1980 年代頃まで，中世の漆器研究は，もっぱら寺社などに奉納された伝世品によって進められてきた．こうした伝世品の多くは，当時の最高の技法が駆使された上質品である．そのような漆器を対象とする研究からは，漆器が民衆の日常生活にまで普及していたことは想定しがたかった．そうした見方を改めさせるきっかけになったのが，1985 年に広島県草戸千軒町遺跡調査研究所で開催された研究集会「中世遺跡出土の漆器」であった (中世遺跡研究集会実行委員会編，1985)．全国の中世遺跡における漆器の出土事例が紹介されたことにより，日本中世に広い階層に漆器が普及していた実態や，伝世品とは異なる技術が展開していたことなどが明確になった．この研究集会以降，中世の出土漆器をめぐる考古学的研究は大きく進展することになる．四柳嘉章による研究の成果は，その到達点を示すものといえよう (四柳，2006a, b，2009，2018)．

また，草戸千軒町遺跡に関しては，四柳の指導のもとで出土漆器の悉皆調査が実施されており，その報告書も刊行されている (広島県立歴史博物館編，2011，2017)．以下ではこれらの成果に基づいて，中世の漆器をめぐる製作技術の動向

を紹介する．

(2) 漆工技術の変革

　古代律令制下では，列島各地の漆器製作の技術は，国衙などが管理する官営工房のもとで保持されていた．ところが，平安時代中期以降になると，工人集団が自立して新興の有力者のもとに再編成される動きがみられるようになるとともに，生産の効率を高めるために分業化も進むと考えられている．

　そうした動きのなかから登場するのが，「渋下地漆器」である．これは，11世紀から12世紀にかけて登場する新たな技術で，それまでの製作工程を大幅に簡略化したものであった．漆の代わりに柿渋と炭粉を混ぜたもので下地を作り，漆塗りも一度から二度程度のみの簡素な工程で済ませている．木地も入手しにくいケヤキに代わって，ブナやトチノキなど多彩な樹種が選択されるようになった．

　いっぽうで，上質品である地の粉（鉱物粒子）漆下地の漆器の生産は中世になっても継続されており，多様な階層に応じた製品を供給することが可能になったといえる．渋下地漆器の登場により，漆器の需要層は大きく拡大し，人々の食卓を構成する食膳具は大きく変化することになる．東日本においてはそれまで出土していた土器の食膳具がほとんど出土しなくなり，日常的な食膳具は漆器によって占められるようになる．いっぽう，畿内を含む西日本では中世になっても引き続き大量の土器が出土しているが，これらは儀礼などの非日常的な場における象徴的な意味を与えられていたと理解すべきで（鈴木，2002b），日常的な食膳具はやはり漆器がその中心的な役割を果たしていたと考えられる．後述する草戸千軒町遺跡における漆器の出土状況からも，椀・皿といった食膳具の中心を漆器が占めていたことがわかる．

(3) 食卓を彩る漆器

　古代律令制下において，漆器の色彩は身分秩序を示す手段であったといわれる（金子，1995）．とくに赤色漆器は，三位以上の身分を示すものとされ，藤原摂関家に伝えられた「朱器台盤」が氏長者を表象していたことなどは，よく知られるところである．

　中世になると，このような色彩と身分秩序との関係は明確でなくなり，鎌倉時

代の漆器食膳具は内外面黒色のものが基本となる．ただ，それに赤色漆で多様な文様を描いたものが数多くみられるようになるのが，この時代の漆器の特徴である．こうした漆絵による加飾は，蒔絵や螺鈿による文様を簡略化したものと理解されている．四柳は，「平安時代以降朱漆器より下位に置かれた黒色漆器に，蒔絵や螺鈿文様を簡略化して彩りを加え，新しい時代のうねりを体現した器，これが中世の漆絵漆器である」と評価している（広島県立歴史博物館編，2017）．

また，鎌倉時代に特徴的にみられるのが，型押漆絵による加飾，いわゆるスタンプによって文様を表現した漆器である．これもやはり，漆器製作工程の簡略化と量産化に連動する技法として理解できる．型押漆絵を持つ漆器の出土量は鎌倉市内の遺跡が圧倒的多数を占めているものの，北海道から九州に及ぶいくつかの遺跡からも出土が確認でき，草戸千軒町遺跡からも一定量が出土している．四柳は，型のモチーフに鎌倉市内遺跡と共通するものが多いことや，各地の事例が鎌倉と深いつながりのある場所で出土していることなどから，鎌倉で生産された製品が何らかの事情で移動したことを想定している（四柳，2018）．

鎌倉時代の漆器は黒色漆を基調とするものの，同時に内面赤色，外面黒色の漆器も登場している．内外面黒色漆のものをA類，内面のみ赤色漆のものをB類，内外面とも赤色漆のものをC類とし，草戸千軒町遺跡における出土点数の時期的変遷を示したものが表 2.2 である[3]．出土点数が多く変遷をつかみやすい椀を図2.19 にグラフとして示したが，鎌倉時代（Ⅰ期前半〜Ⅱ期後半）のうちにB類の出土比率は次第に増加し，室町時代（Ⅲ〜Ⅳ期後半）になるとB類が大半を占める状況が明らかになる．また，内外赤色漆のC類は室町時代（Ⅳ期）に目立つようになるが，全国的にも 15 世紀代になってC類が増加し始めるようになり，16世紀にその傾向が加速することが確認されている[4]．

(4) 草戸千軒町遺跡出土品から想定される漆器の流通

草戸千軒町遺跡では多数の漆器とともに漆工用の工具類も出土しており，漆器の消費地であると同時に生産地でもあった．『延喜式』によれば備後国は漆を貢進しており，備後国府跡（広島県府中市）では漆の付着する須恵器などの出土から，8 世紀頃に漆の集積と塗布作業が行なわれたと考えられている（府中市教育委員会編，2016）．草戸千軒町遺跡における漆器生産は，こうした官営工房で継承され

表 2.2 草戸千軒町遺跡における漆器の種類別出土点数

器形	分類	加飾	Ⅰ期前半	Ⅰ期後半	Ⅱ期前半	Ⅱ期後半	Ⅲ期	Ⅳ期前半	Ⅳ期後半
椀	A類	不明	10	13	13	56	5	7	38
		漆絵	11	9	22	140	7	16	24
		(型押)	13	14	7	5	1	0	0
	B類	不明	1	1	4	25	9	19	23
		漆絵	1	0	2	55	14	33	39
		(型押)	0	0	0	0	1	0	0
	C類	不明	0	0	0	2	0	16	4
		漆絵	0	0	0	0	0	0	2
	小計		36	37	48	283	37	91	130
皿	A類	不明	2	6	12	28	2	0	1
		漆絵	3	5	8	48	0	0	2
		(型押)	1	4	1	6	0	0	0
	B類	不明	0	0	0	10	3	2	0
		漆絵	0	1	0	6	0	4	0
	C類	不明	0	0	0	0	0	0	3
	小計		6	16	21	98	5	6	6
	合計		42	53	69	381	42	97	136

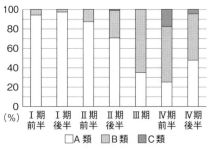

図 2.19 草戸千軒町遺跡における漆器椀の種類別出土比率

てきた技術が何らかの過程をたどって拡散・定着した可能性があるが，具体的な系譜の解明は今後の課題である．草戸の集落は，13世紀中頃以降に福山湾岸から芦田川中・下流域にかけての地域経済拠点として成立・発展したことが想定でき（鈴木，2007），漆器の生産・供給も，周辺地域に対して集落が果たした役割の一つであったと考えることができる．

2.4 漆工の技術

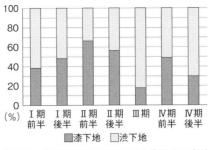

図 2.20　草戸千軒町遺跡における漆器の下地別出土比率

　ただ，出土した漆器関連資料を調査した四柳は，出土したすべての漆器がここで生産されたとは考えにくいとしている（広島県立歴史博物館編，2017）．とくに，出土した工具に上質品である地の粉漆下地漆器の製作に必要なものが確認できないことから，普及品の渋下地漆器の生産は行なわれてはいたものの，上質品の地の粉漆下地漆器の生産は行なわれておらず，他の産地から商品として搬入されたものと判断している．また，前述のとおり型押漆絵の漆器は，鎌倉からの搬入品である可能性が高いという．ちなみに，出土した漆器の点数を，下地の種類別に集計しグラフ化したものが，図 2.20 である[5]．時期による変動はあるものの，出土漆器のおおむね半数を，搬入品と考えられる地の粉漆下地の漆器が占めていることがわかる．

　また，漆器の原材料となる轆轤挽きの木地や未成品は当遺跡から出土していない．轆轤挽き前の荒型が 1 点確認できるにすぎないことから，木地挽きは集落外の別の場所で行なわれていたものと考えられ，製作工程の分業が進んでいたことも想定できる．

　以上のように，草戸千軒町遺跡出土漆器の悉皆調査によって，この集落をめぐって多様な種類の漆器が流通していたことが考えられるようになった．こうした知見は，中世の地方集落における木製品の生産・流通の実態を示すものであると同時に，集落の成立・展開の社会的背景を検討するための重要な手がかりとなることであろう．

2.5 まとめ

本章では，中世遺跡出土の木製遺物のうち，井戸材・桶・漆器を取り上げ，出土資料から読み取ることのできる技術の変革と，その社会的背景との関係について論じた．

日本列島における木材加工は，15世紀代に技術体系の大きな転換があったことがうかがえる．具体的には，大鋸の出現とそれに連動する工具（鏟状工具や台鉋）の導入に継起する動きとしてとらえられる．ただし，これらの工具が日本列島に紹介されたのは，15世紀代をさかのぼる時期であった可能性が高い．鏟状工具の加工痕も，結物において広く認められるのは15世紀後半以降のことであるが，多角形縦板組井戸においてはすでに14世紀前半に確認することができる．優れた技術が紹介されたからといってそれがただちに受容されるとは限らず，良質な木材資源の枯渇に代表されるさまざまな要因が関与するなかで，受容・普及が可能になったと考えるべきであろう．

漆器については，11世紀から12世紀代にかけての時期に柿渋下地漆器の技術が成立・波及したことが最大の画期ととらえられ，これによって漆器食膳具が広範な階層に普及することになった．木材加工技術における最大の画期ととらえた15世紀代には，赤色漆器の増加というかたちでの変革が認められる．当然のことながら，製品の種類によって画期の時期やその質は異なっているのである．

今回はごく限られた製品を対象にすることしかできなかったが，有機質・無機質を含む多様な製品における技術変革の内容と，その社会的背景を相互に分析していくことにより，中世社会の動向と，人々の生活，産業・経済との関係を明らかにしていくことができるものと思う．

（草戸千軒町遺跡出土資料は，いずれも広島県立歴史博物館所蔵．）

注

1) 井戸の年代は，原則として廃絶年代を充てている．そのため，16世紀初頭に廃絶された井戸は，当然それよりも古い段階に構築されたことになる．

2) 桶とともに，樽と呼ばれる円筒形の容器も使われてきた．一般的に，上面が開放されて固定された蓋を持たず，内容物の一時的な移動や保管に用いられるものを桶，上面に蓋が固定され，長期間の輸送や保管に利用されるものを樽と呼ぶ．
3) 広島県立歴史博物館編（2011）に示された数値をもとに，時期の確定できる資料の点数を集計し直したものを示している．
4) 赤色漆の呈色材には高価な朱を用いるものと，安価なベンガラを用いるものとがあり，上質品には朱が用いられ，普及品にはベンガラが用いられていた（四柳，2018）．
5) 注3と同様，広島県立歴史博物館編（2011）に示された数値をもとにグラフ化したものである．

参考文献

今谷 明（1988）板商売の成立―室町時代の産業革命．京都・一五四七―描かれた中世都市，平凡社，pp.194-205.
岩本正二（1993）西日本の中世井戸―草戸千軒町遺跡の井戸をめぐって―．考古論集（潮見浩先生退官記念論文集），潮見浩先生退官記念論文集刊行会，pp.775-788.
岩本芳幸（1984）草戸千軒町遺跡出土の鼻繰．草戸千軒，No.173，広島県草戸千軒町遺跡調査研究所，pp.1-5.
金子裕之（1995）8・9世紀の漆器―身分表示の食器―．文化財論叢Ⅱ，同朋社，pp.347-362.
小泉和子編（2000）桶と樽―脇役の日本史，法政大学出版局．
国立歴史民俗博物館編（2013）時代を作った技―中世の生産革命―，国立歴史民俗博物館．
国立歴史民俗博物館編（2017）URUSHIふしぎ物語―人と漆の12000年史―，国立歴史民俗博物館．
鈴木康之（1997）楽音寺縁起絵巻に見る刳桶―中世前半期における刳桶の評価をめぐって―．広島県立歴史博物館研究紀要，3号，広島県立歴史博物館，pp.1-11.
鈴木康之（2002a）日本中世における桶・樽の展開―結物の出現と拡散を中心に―．考古学研究，48巻4号，考古学研究会，pp.44-64.
鈴木康之（2002b）中世土器の象徴性―「かりそめ」の器としてのかわらけ―．日本考古学，14号，pp.71-81.
鈴木康之（2007）中世瀬戸内の港町 草戸千軒町遺跡，新泉社．
鈴木康之（2015）港湾集落における木材加工技術―草戸千軒町遺跡の井戸材を中心に―．木材の中世―利用と調達―，高志書院，pp.85-102.
玉井哲雄（2008）図説 日本建築の歴史―寺院・神社と住宅―，河出書房新社．
中世遺跡研究集会実行委員会編（1985）中世遺跡出土の漆器，広島考古学研究会．
土屋安見・石村具美（1991）「六道絵」の大鋸．竹中大工道具館研究紀要，3号，竹中大工道具館，pp.1-16.
奈良国立博物館編（2009）聖地寧波，奈良国立博物館．
広島県立歴史博物館編（2011）草戸千軒町遺跡漆器関係資料1―椀皿類の概要―（草戸千軒町遺跡調査研究報告10），広島県立歴史博物館．
広島県立歴史博物館編（2017）草戸千軒町遺跡漆器関係資料2―出土漆器棟の化学分析と食漆器の諸問題―（草戸千軒町遺跡調査研究報告12），広島県立歴史博物館．

府中市教育委員会編（2016）備後国府関連遺跡 1 ―第二分冊―，府中市教育委員会．
村松貞次郎（1973）大工道具の歴史，岩波書店．
村松貞次郎（1997）道具と手仕事，岩波書店．
村上由美子（2012）製材技術と木材利用．木の考古学―出土木製品用材データベース―，海青社，pp.337-350．
渡邉　晶（2004a）日本建築技術史の研究―大工道具の発達史―，中央公論美術出版．
渡邉　晶（2004b）大工道具の日本史，吉川弘文館．
四柳嘉章（2006a）漆Ⅰ（ものと人間の文化誌 131-Ⅰ），法政大学出版局．
四柳嘉章（2006b）漆Ⅱ（ものと人間の文化誌 131-Ⅱ），法政大学出版局．
四柳嘉章（2009）漆の文化史，岩波書店．
四柳嘉章（2018）中世漆器の技術転換と社会の動向．国立歴史民俗博物館研究報告，210 号，国立歴史民俗博物館，pp.29-47．

第3章 石製品の量産化を可能にした加工技術

佐々木健策

　中世の関東地方には，幕府所在地である鎌倉（神奈川県鎌倉市）があり，広く関東地方に覇を唱えた戦国大名小田原北条氏の本拠地小田原（神奈川県小田原市）があった．また，江戸時代には現在の首都東京へと連なる江戸（東京都千代田区ほか）が所在するなど，複数か国を治める権力者の拠点が存在した．

　これらの都市には多くの人々が暮らし，人々の暮らしにはいろいろな石製品が用いられていた．都市を構成する構造物（石組水路や石積み・石塁など）や建築部材（礎石や壁材など）などの大型製品から，石塔類（五輪塔・宝篋印塔・宝塔など）や挽き臼類・石鉢，装身具などの小型製品にいたるまで，"石"の用いられ方はさまざまである．各地の発掘調査では，これら石製品以外にも多様な石製品が出土しているが，現在ではその用途が判明しきれていないものもあるほど，石製品は人々の暮らしに密接に関わっていたことがうかがわれる．

　ここで取り上げる関東地方は，地勢においては現在の一都六県にまたがって日本最大の関東平野が広がり，その縁辺部に山岳地帯が展開しているという環境にある．前記のような石製品の素材として多用される石材が，硬質な火山岩であるという点を考慮すると，地質的には素材となりうる石材が採取できる地域は限られることになる．そのような地質的な特徴のなかで，古くから石材の産出地として知られているのが現在の神奈川県西部（西相模地域），箱根町・小田原市を中心とした箱根火山周辺地域である．ここで産出された石材は，旧石器時代から石器として用いられ，縄文時代の敷石住居や古墳時代の石室，奈良・平安時代の寺院礎石など，長く人々の暮らしの傍らには箱根火山起因の石製品があった．

　このような歴史的背景を踏まえ，本章では西相模地域周辺における石製品の生産とその加工技術について触れ，中世のものつくりの一端を概観してみたい．

3.1 石切の系譜
―石を加工する人々―

(1) 忍性と大蔵氏

中世の西相模地域において，石製品の生産と加工を触れるうえで確認しておきたいのが叡尊・忍性と伊派・大蔵派と呼ばれる石切（石工）の存在である．

奈良県奈良市の般若寺に所在する笠塔婆の刻銘から，治承4年（1180）に平重衡の南都焼き打ちにより灰燼に帰した東大寺修築に際し，中国明州（寧波）より来日した石工に伊行末という人物がいたことを知ることができる．伊行末は，奈良県を中心に活躍し，西大寺叡尊の配下として石造物の造塔に関わっていた．伊行末の子孫は「伊派」と呼ばれ，「伊派」の分流とされるのが大蔵を姓とする「大蔵派」の石工である（山川，2006，2008）．

「伊派」「大蔵派」と呼ばれる石工が奈良を中心に活躍するなか，西相模地域でも石塔の造塔が確認される．最も古い年号を持つものは，箱根町所在の曽我兄弟・虎御前の墓といわれる三基の五輪塔で，そのうち右端に位置する虎御前の墓とされる五輪塔には永仁3年（1295）の紀年銘が刻まれている（図3.1）．

そして，「大蔵派」を示す「大蔵（倉）」との銘文を刻む石塔も造塔されている．

図3.1 曽我兄弟・虎御前の墓

いずれも箱根火山起因の安山岩を用いた石塔であり，一つは箱根町に所在する「大和国所生左衛門大夫　大蔵安氏」との銘文を持つ宝篋印塔であり，一つは大井町に所在する「大工藤原頼光　大倉□安」との銘文を刻む宝篋印塔である．箱根町のものは永仁4年（1296）の年号を持つ「伝多田満仲宝篋印塔」と呼ばれているもので，大井町のものは嘉元2年（1304）の年号を持つ「余見塔」「ヨリトモサン」と呼ばれるものである（図3.2, 3.3）．山川均氏によれば，「大倉□安」は大蔵貞安と想定され，大蔵安氏と大蔵貞安は親子関係にあると指摘されている．また，大倉貞安は，多田満仲宝篋印塔北面に正安2年（1300）の年号とともに名を刻んでいる「心阿」と同一人物と指摘されている（山川，2006）．

彼らは，叡尊の弟子である忍性の鎌倉極楽寺への進出に伴って下向，正安5年（1292）頃より造塔を開始し，その活動は正慶元年（1332）の鎌倉市覚園寺宝篋印塔（「広光」作）まで確認される．これ以後の宝篋印塔は，山川氏に「大蔵派宝篋印塔の繊細な造形や，寸分違わぬ切石技術には遠くおよばない」ものとなるとも評されるようになり（山川，2006），大きさも小型化する（佐々木，2009a）．

しかし，以後も箱根の安山岩を用いた石塔が造られていたことは間違いなく，彼らの活動は中世における西相模地域の石製品の生産の先駆けとなるものであったと評価することができる．

図3.2　伝多田満仲宝篋印塔

図3.3　余見塔

(2) 関東石切棟梁の系譜——一右衛門・左衛門五郎

　その後，西相模地域における石切（石工）の記録が確認できるまでには，約200年が経過した『快元僧都記』の天文3年（1534）3月1日条「石切等被召上，（中略）自小田原大窪五人」とあるものまで待たなければならない（小市史中Ⅰ：535）．

　これは，小田原北条氏二代氏綱により天文元年（1532）から開始された鎌倉の鶴岡八幡宮造営に伴う記述であり，小田原の大窪（小田原市板橋）に石切が存在したことがわかる．続いて天文22年（1553）には，小田原北条氏が新規に5人の石切に扶持を与えた朱印状がある（小市史中Ⅱ：298）．これらの文献史料により，西相模地域において再び石切の存在が確認できるようになる．

　永禄2年（1559）には，一右衛門という名の石切棟梁が存在し（小市史中Ⅱ：424），永禄11年（1568）には一右衛門の棟梁職が息子左衛門五郎に安堵されている（小市史中Ⅱ：722）．このことから，小田原北条氏のもとで石切棟梁職が世襲されている様子がわかるが，永禄13年（1570）に「於武州切石之儀被仰付候，相州ニ就有之者，可被処重科候，江戸・河越・岩付を始，城ゞ有数多間，彼切石之事可走廻旨，被仰出者也，仍如件」と命じられ，江戸までの伝馬手形を与えられたのを最後に（小市史中Ⅱ：957，958），小田原における左衛門五郎の存在は確認できなくなる．

　そして，翌年の元亀2年（1571）に比定される文書では，「石切棟梁　善左衛門」宛に番子統制の文書が出されていることから（小市史中Ⅱ：1004），この1年の間に石切棟梁職は左衛門五郎から善左衛門へと交替していることが読み取れる．この間，左衛門五郎の身に何があったのであろうか．

　左衛門五郎は，元亀3年（1572）2月になると駿河で穴山信君から普請を免除されており（静岡県史資8：392），同年3月には朝比奈信置から「庵原西方」を与えられている（静岡県史資8：407）．いずれも甲斐武田家家臣であり，穴山信君は元亀3年段階には庵原領（静岡県静岡市）を治めており，朝比奈信置は駿河先方衆として高部（庵原）城に在城していた．この頃，小田原北条氏と甲斐武田氏は敵対関係にあるため，左衛門五郎は小田原北条家から甲斐武田家へと転じたものとみることができる．左衛門五郎の消息が小田原を離れ，駿河国庵原郡で確認されることから，永禄13年に武州出向を命じられた際に「重科」となって駿河へと退去，石切棟梁は善左衛門へと受け継がれたのではないかと推測される．

(3) 関東石切棟梁の系譜―善左衛門

　一方，小田原で石切棟梁職を継承した善左衛門の系譜（青木家）は，現在も小田原市板橋で石材店を営んでいる．青木家には，享和3年（1803）小田原板橋村（旧大窪村）の12代石屋頭青木善左衛門が書き上げた「由緒書覚」（小市史近Ⅲ：82）があり，これにより石切の青木家の概略を知ることができる．

　「由緒書覚」に沿って青木家の歴史を見ると，青木家の祖は甲州浪人であり，駿河国田中郷（静岡県藤枝市）に居住して田中姓を名乗ったとある．そして，明応年中（1492～1501）に小田原北条家に仕え，石切とともに「北条家御代々隠密之御用」を務めたとある．そして，「関八州石切棟梁」として「山石切仕上ケ職人五輪師不残棟梁之職下被仰付候」と，山石を切り出す職人・仕上げ職人・五輪塔等を作成する職人などをことごとく配下としていたと記されている．

　この善左衛門が最初に一次史料に登場するのは，左衛門五郎が石切棟梁を継承した永禄11年（1568）のことである（小市史中Ⅱ：732）．そして前述の元亀2年とされる文書で石切棟梁となり，天正3年（1575）に改めて「御分国石切之可為棟梁」とされ，「於石切子孫も可為如此」と子孫まで棟梁職が認められている（小市史中Ⅲ：1184）．

　「由緒書覚」によると，善左衛門は徳川家康が小田原城を巡見した際に，手掛けた煙硝蔵の石の細工が評価されて召し出され，「石屋善左衛門歟」と直接声を掛けられたことから，石屋姓を名乗ることとなった．そして，二代目善左衛門を継いだ善七郎から青木姓を名乗ったという．江戸日本橋にも屋敷を拝領して江戸城・駿府城などの普請御用を務め，幕末には品川台場の造営を行なうなど，明治維新を経て現在まで石切として続いている．

　このように，残る文字史料の記載から，西相模地域における彼ら石切の活動を知ることができる．特に戦国時代以降は，小田原北条氏・徳川幕府という支援者・後援者の存在が，西相模地域の石材加工を支えていたことがわかる．

　では，このような職人の目に適い，その腕を十二分に振るわせた箱根の石材とはどのような石材なのであろうか．"石"の産出地は，地質的に限定される．その"石"にどのような特徴があるのか，石製品として用いられた安山岩を中心に，箱根火山に起因する安山岩とその特徴について紹介したい．

3.2 箱根山の恩恵
　―素材となる豊富な石材―

(1) 石の種類と選択

　18世紀以降，日本各地で地誌の編纂作業が行なわれた．相模国（神奈川県の大半）では，天保12年（1841）に『新編相模国風土記稿』が成立している．この地誌に記された記述が，西相模地域における石製品製作活動を考えるうえでの重要な要素となる．『新編相模国風土記稿』には，郡・村ごとにその沿革や地勢が記述されており，「土産」として地域の特産物を紹介する項目もある（蘆田編, 1977）．そのなかには，"石"を「土産」として記す村もある．「土産」は特産品と解釈されるわけであるが，西相模地域，特に現在の神奈川県足柄下郡では，実に7か村で9種類の"石"が「土産」として取り上げられている（図3.4）．

　また，「土産」としてだけでなく，風祭村の項には「寶泉寺邊を石切山と呼び，昔は采石をなして小田原に出せり，小田原石と唱ふ」などという註記もある．「小田原石」は現在は採掘されていないが，風祭石・水道石とも呼ばれる溶結凝灰岩であり，小田原城および城下町の発掘調査では，「小田原石」を用いた遺構が検出される例は少なくない．

　では，これらの"石"は，どうして特産品になりえたのであろうか．
　『新編相模国風土記稿』には，「碑石或は庭中の飛石などに専ら用ゐる（根府川村）」や「碑石に用ゐる是を最とす，（中略）御寶塔にも是を用ゐる（岩村）」，「敷石礎石甃石等に，用ゐるものなり（真鶴村）」などのように，石碑や飛石，敷石や礎石，石塔に用いるなど，用途を記した"石"もあり，使い方の特徴に特産品としての価値観をみいだすことができる．

　また，発掘調査成果による出土状況から，特別な使用方法が特定できる"石"もある．たとえば，根府川村（小田原市根府川）の「土産」として記された根府川石は，板状に節理する硬質な石材である．古くは縄文時代の敷石住居などにも用いられ，いまでも石碑や庭石などとして用いられている．岩村（真鶴町岩）の小松石は，現在では墓石などに用いられる高級石材であるが，江戸時代には城郭や御台場の石垣などにも用いられていた．

　このように，『新編相模国風土記稿』の記載からは，西相模地域がさまざまな種

3.2 箱根山の恩恵

村　名	石　名	記載内容
米神村	根府川石	西山より産す，此石は隣村根府川と當村の両處のみ産し，他村には絶えなき所なり
根府川村	根府川石	西山より産す，石理尤緻密にして，且堅牢，年所を経れど剥落するの患なし，故に碑石或は庭中の飛石などに専ら用ゐる，此石他邦に産することなし，當村及隣村米神両村接界の所より産するのみ，實に當國土産の第一と謂つべし，此石の形，剥殺せし如く見ゆれど，左にあらず，山腹砂石中に大小塊りて生ぜるを，其まゝ穿出して用材に充つとなり
	荻野尾石	西山内宇荻野尾山より産す，是も堅牢にして小松石の類なり
	磯朴石	海岸に生ず，俗黒朴石と唱へ，假山の石に用ゐる
江ノ浦村	江ノ浦玄蕃	西山に産す，江ノ浦玄蕃と唱へ，石理堅牢なり
岩村	小松石	小松山より産するを以て此名あり，石理至て緻密にして，且堅牢，剥落の患なし，故に碑石に用る是を最とす，故に古より御寶塔にも是を用らると云，又御三家方及松平阿波守の采石場あり，是は寛永二年よりの事と云，されば村内宕戸農民の半に過
真鶴村	石	海岸に産す，敷石礎石甃石等に，用ゐるものなり
土肥吉濱村	石	西北山中に産す，石理尤堅牢なり，小松石の類なり，山中に尾張殿の采石場あり
土肥門川村	石	走湯山領より産す，村民農隙に専ら采石して，都下にも鬻げり

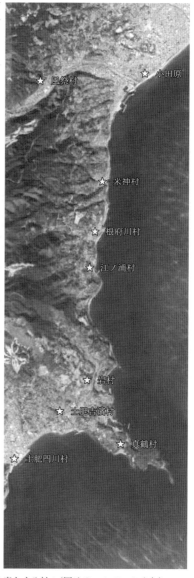

図 3.4 『新編相模国風土記稿』に記された"石"を土産とする村々（図は Google Earth より）

類の石材を産出する地域であったことがわかる．"石"はさまざまな名前で呼ばれ，それぞれの個性に合わせて選択され，人々の暮らしに供されてきた．

(2) "宝の山", 石を見立てる人々

この豊富な石材の存在が，前述のように古くから石を加工する職人が所在した要因の一つといえよう．そして，戦国時代には西相模地域を拠点とする関東一の支援者が存在した．

戦国時代，関東地方の大半は小田原を本拠とする小田原北条氏の領国であった．小田原北条氏は，伊勢宗瑞が文亀元年（1501）までに小田原城に進出したことを足掛かりとして関東に勢力を広げ，豊臣秀吉が天下統一を確実なものとする天正18年（1590）の小田原合戦に至るまで，五代（宗瑞・氏綱・氏康・氏政・氏直）およそ100年間にわたり関東に覇を唱えた．

小田原北条氏に関する文書は，関連文書まで含めると5000通を超えるといわれているが，小田原北条氏が石切に発した文書には以下のような文書もある．

土肥御屋敷うしろの山石，此度善左衛門見立申切石，御土蔵之根石に，南条・幸田如申切之可申候，公用義，自両人前請取可申者也，仍如件，

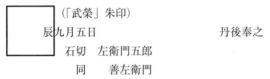

　　（「武榮」朱印）
　　辰九月五日　　　　　　　　　丹後奉之
　　　石切　左衛門五郎
　　　同　　善左衛門

これは永禄11年（1569）に石切棟梁である左衛門五郎および善左衛門に，見立てた石の切り出しを命じた文書である（小市史中Ⅱ：732）．この文書に登場する「土肥御屋敷」は，現在の神奈川県湯河原町に比定されており，地質的には安山岩あるいは凝灰岩を産出する場所である．

「見立」てとあることから，善左衛門は小田原北条氏の命により，適切に"石"を選択できる鑑定眼を持った職人であったことがわかる．そして，小田原北条氏は石切の「見立」による効果を理解し，それを選択する能力のある職人を重用していたことを知ることができる．

このように，西相模地域は石材が産出するというだけでなく，用途に応じた

"石"の「見立」を行ないうる職人，その理解者・支援者の住まう地域でもあったのである．

(3) 箱根の火山活動

『新編相模国風土記稿』にも記され，石切が取捨選択する多様な石材を生成したのは「天下の険」としても名高い箱根山である．箱根山が活火山であることは，著名な箱根七湯の存在や硫黄香る大涌谷の存在などからも知ることができよう．しかし，箱根山の活動経緯が明らかになってきたのは，つい最近のことである．

旧来，箱根山は富士山のような成層火山が噴火・陥没カルデラを形成（「外輪山」）し，その後の小規模な噴火によりカルデラ内に「中央火口丘」が成立したと考えられていた．ところが近年の研究成果により，箱根山は小規模な火山活動の繰り返しによって形成されたことが解明されたのである（山下ほか，2008；山下，2009）．

簡単にその形成過程の概要を示すと，箱根山では40～23万年前までに後の「外輪山」を形成する火山活動が起こり，23～13万年前までに箱根山中央に巨大な窪みができてカルデラが形成された．その後，13～8万年前にカルデラのなかで珪長質マグマが噴出される「前期中央火口丘形成期」があり，4万年前以降に神山や二子山，駒ヶ岳などが形成された「後期中央火口丘形成期」となる（図3.5）．

それぞれの噴火による噴出物は少しずつ異なりをみせ，個性的な化学組成を示している．つまり，箱根山の火山活動により形成された西相模地域から伊豆半島北部では，地域によって溶岩を生み出した火山が異なるということであり，その溶岩の違いが"石"の違いとなっているのである．『新編相模国風土記稿』に「土産」として取り上げられた"石"も，このような溶岩グループの違いによる個性を示したものであり，産出地の名称を冠した"石"の名は，まさに理に適ったものであった．

そして，このような特徴を生かすことで，考古資料においても石製品の素材である"石"の採掘地や加工地をみいだせる可能性がみえてきた．

しかし，詳細な石材の成分組成を探るには破壊を伴う化学的な分析が必要である．文化財である遺跡から出土した石製品を破壊するわけにはいかないため，破壊検査で石材の産出地を求めていくことは，考古学の世界では困難である．

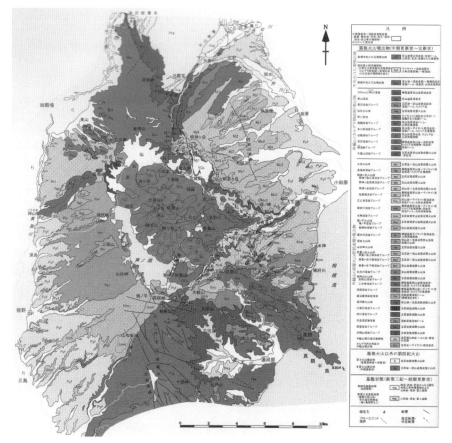

図 3.5　箱根火山の相違（山下ほか，2008 より）

　ところが，戦国時代の石切は"石"の見立てを行ない，適材適所に石材を用いていた．また，その効果は領主も認めるところであったとすれば，化学的な分析を伴わない石材選択方法が存在するはずである．これこそが，石製品の研究を進めるためにも不可欠な視点であり，"石"を見立てる知識と根拠を得ることが「鍵」となるはずである．

　そして，非破壊で"石"を検証する手掛かりとなる遺跡が小田原城下西縁部で確認された．その遺跡は国道 1 号（旧東海道）の両側に展開し，遺跡からは多くの石製品と未成品・破材・円礫が出土している．江戸時代後期の「御組長屋」「山

角町」との町名をとり，御組長屋遺跡・山角町遺跡と呼ぶその遺跡は，戦国時代から江戸時代の遺跡を主体とし，合計6地点で石材加工の痕跡を示す遺物が出土している．これらの遺跡とそこで出土した石製品をもとに，関東地方最大の石材産出地である西相模地域の石切とその加工手法についてみていきたい．

3.3 量産化を支えた石材の選択

(1) 石材のストックヤード—山角町遺跡第Ⅳ地点100号遺構

1994〜98年，小田原市西部に位置する南町一丁目で都市計画道路の敷設に伴い，御組長屋遺跡第Ⅰ・Ⅱ・Ⅲ・Ⅳ地点の発掘調査が行なわれた．この遺跡の中心は16世紀から19世紀であるが，縄文時代中期から後期の住居跡や7世紀初頭の古墳，14世紀の井戸なども確認されている．

出土品も整理箱で200箱を超えるが，なかでも存在感を示したのが，石塔や挽き臼類などの多量の石製品であった．しかも，石製品には出土事例の稀有な未成品が多く含まれていた．残念ながら，石製品の多くは包含層からの出土と報告されており，このときの調査では，遺構から出土したわずかな未成品を根拠に，辛うじて16世紀以降の所産と位置づけるにとどまっていた（小林ほか，2001）．

2004年，御組長屋遺跡第Ⅴ地点の発掘調査が行なわれ，ここでも石製品および石製未成品が17点出土しているが，やはり中世後半以降の資料としてとらえられたのみであった（香川，2005）．したがって，ここまでの御組長屋遺跡5地点の調査では，御組長屋遺跡周辺に石材加工の痕跡を残す遺跡が展開していることを確認するにとどまっていたのである．その後，このような状況を抜け出すきっかけとなったのが，2005年に行なわれた山角町遺跡第Ⅳ地点の調査であった．

山角町遺跡第Ⅳ地点は，御組長屋遺跡第Ⅰ〜Ⅳ地点，同第Ⅴ地点と国道1号(旧東海道)を挟んで南側の位置にあり，遺跡名は異なるものの，両遺跡は20m以内の位置関係にある(図3.6)．山角町遺跡第Ⅳ地点では，未成品を含む石製品が134点出土しているが，なかでも100号遺構と名づけられた集石遺構からは自然円礫とともに101点の石製品・石製未成品が出土した（香川ほか，2006，図3.7）．

この遺構は，調査所見において同遺構を切っている80号遺構（堀）・95号遺構（自然流路）の出土遺物・堆積状況から，16世紀前半に埋没したととらえられて

図 3.6　御組長屋遺跡・山角町遺跡周辺位置図（1/2000）

おり，未成品を含む石製品出土遺構としてはじめて明確に時期を特定しうる遺構となった．改めて未報告資料を含めた全出土陶磁器を調査したところ，共伴遺物は瀬戸美濃窯編年の後Ⅳ新〜大窯1段階（〜1530 年頃）の製品までに限られることが判明し，100 号遺構は 16 世紀第2四半期までの遺構と評価することができたのである．

同遺構からは，未成品を含む石製品のほか，多くの自然円礫とともに現代の石工が「コッパ」や「ズリ」などと呼称する加工の際の破材も多数出土している（図3.8）．このことから，100 号遺構に近い場所で石製品の加工が行なわれ，この遺跡周辺が石材加工遺跡の一つであったと考えられるにいたったのである．

さらに，100 号遺構からは未成品・自然円礫のみならず，14・15 世紀代と比定される大型の水輪や二次加工が行なわれた大型の空風輪なども出土している．これらの資料から，この場所では石材の加工が行なわれるとともに，素材となる"石"が集積され，石製品製作のための素材を蓄えた集積場＝ストックヤードでもあったのではないかと推測することができた．

集積場の存在を示すかのように，小田原城下欄干橋町遺跡第Ⅸ地点では宝篋印塔基礎未成品が 16 世紀後半の石組水路の部材として用いられており，同様の状況は小田原城三の丸幸田口跡第Ⅷ地点でも確認されている．また，史跡小田原城跡御用米曲輪では 16 世紀後半の池の護岸石材として，実に 1500 点を超える石塔

3.3 量産化を支えた石材の選択

図 3.7 山角町遺跡第Ⅳ地点100号遺構平面図（1/250）と近景

図 3.8 100号遺構出土の破材

図 3.9 御用米曲輪2号池の石塔護岸

部材・石塔未成品が用いられていたことが確認されている（図 3.9）．

これらの調査成果から，未成品が小田原城の城下（欄干橋町）・三の丸（幸田口跡）・城内（御用米曲輪）へと搬入され，用いられていたことを知ることができる．このような状況は近世以降においても確認されるが，未成品を再利用している状況を示すだけでなく，完成前の未成品が廃棄されずに保持されていたことを

示している．そして，未成品あるいは再加工品を含む山角町遺跡第IV地点 100 号遺構のような集石遺構をストックヤードととらえることにより，未成品が再利用されるにいたった経路の存在をも認識することができる．

　加工場としてだけではなく，未成品を保持していたと想定しうる集石遺構の存在は，小田原城下における石切の活動や石材利用状況を示してくれている．そしてこのような集積場から出荷される石材により，戦国時代の関東の首府小田原の形成は行なわれていたと考えることができよう．

(2) 用いられた石材

　御組長屋遺跡・山角町遺跡合計 6 地点で出土した石製品・石製未成品は全部で 362 点である．そのうち，形態を特定できるものは以下の通りである．

　　五輪塔　：72 点（空風輪（くうふうりん）：25，火輪（かりん）：16，水輪（すいりん）：27，地輪（ちりん）：4）
　　宝篋印塔：49 点（相輪：36，笠：3，塔身：4，基礎：0，反花座（かえりばなざ）：6）
　　挽き臼類：105 点（粉挽臼：70，茶臼：35）
　　石製容器：20 点

供養塔である石塔（五輪塔・宝篋印塔）と粉挽臼・茶臼などの挽き臼類・石製容器などの生活用具が一括して出土していることから，これらは同じ場所で加工されていたと考えられよう．つまり，石塔も挽き臼類も同じ職人，もしくは同じ職人ユニットにより生産されていた可能性が高いということになる．

　また，100 号遺構では未成品だけでなく加工痕のない多くの円礫が出土している．この状況は図 3.7 からも確認できるが，円礫の大きさは 30〜50 cm 前後とほぼ均一であった．一方で，未成品に円滑な自然面を残したままのものが多数含まれていることを考慮すると，これらの円礫が石製品製作のための素材であったと考えられる．

　このような状況を踏まえ，100 号遺構で出土した自然円礫および剝離片（破材，図 3.8）をサンプルとして蛍光 X 線分析等による分析を行なうことで，石製品として用いられた石材の供給源，どこの火山に起因する石材かを化学的に確認する作業を行なった．これは自然円礫および破材をサンプルとすることで，加工の顕著な製品・未成品を破壊することなく同等の分析成果が得られることに期待したものである．

3.3 量産化を支えた石材の選択

　分析を行なうにあたっては，当時の石切の「見立」をイメージし，肉眼観察での分類を試みた．そして，その分類ごとに神奈川県立生命の星・地球博物館の山下浩之氏に全岩化学分析を依頼し，どの火山に起因する"石"であるかを探ることとした．肉眼観察により分類しえた"石"は8種類．1種類は凝灰岩であったが，残る7種類は安山岩であった．各種，複数点数を準備し，分析を行なった結果，5種類が箱根後期中央火口丘の安山岩との結果が出た（1種類は箱根外輪山，1種類は不詳）．

　つまり，ほとんどの安山岩は箱根後期中央火口丘の"石"であったということである．3.2節でも述べたが，中央火口丘は小田原からは最も遠い箱根山カルデラ内に位置する溶岩グループである．その"石"が大半を占めていたのである．

　中央火口丘の"石"は専門的な成分で整理すると，微細な斜長石を包含する大きな輝石斑晶を含んでおり，二酸化ケイ素を多く含む点に特徴があるという．しかも，この特徴は肉眼観察においてもみいだすことができ，黒い斑晶（輝石）のなかに白い斑晶（斜長石）がみられるとの特徴を知ることができた（図3.10）．

　改めて8種類に分類した"石"を観察すると，確かに外輪山起因との分析結果であった"石"には，同様の特徴はみられなかったが，他の5種類の安山岩には同等の特徴が観察でき，この肉眼観察における分類を出土石製品362点について実施したところ，判別可能なものの大半が中央火口丘の"石"の持つ特徴を有していることが確認できたのである．

　以上のことから，石製品製作にあたっては，中央火口丘の"石"が選択されていた可能性が想定された．山下氏によると，西相模地域以外で産出する"石"にも中央火口丘と同等の特徴がみられるものが存在するため，詳細な確認を行なうためには破壊分析を行なう必要があるとのことである．そのため，今回の資料の分析は，箱根火山における地質学的研究の蓄積があったからこその成果であった．

　西相模地域においては，こうした地質学の研究蓄積との協業が行なえたことで，肉眼観察の有効性が裏づけられたわけであり，硬質石材の産出地が限定的である関東地方においては西相模地域の様相が確認できたことはきわめて有効であり，石製品の産地を考えるうえで応用性の高い結果が得られたといえよう．

　そしてこのことは，文献史料で確認された石切の「見立」が，現代の我々の肉眼観察においても現実的に行ないうることを明らかにしたともいえよう．

 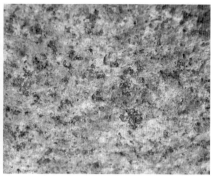

図 3.10 箱根安山岩の岩相（左：外輪山，右：中央火口丘）

(3) 石材採取地

では，素材となった中央火口丘の円礫は，どこで採取されたのであろうか．中央火口丘の石材を採取するには，古期外輪山に囲まれたカルデラ内の中央火口丘に直接赴く必要がある．しかし，素材となる石材が円礫である点が重要な要素となろう．

出土した石製品・未成品では，石製容器 44.7 cm，粉挽臼の 42.2 cm が最大であり，自然円礫もおよそ 30～50 cm 前後の大きさが主体であった（表 3.1）．このことを考慮すると，同等サイズの中央火口丘の円礫が採取できる場所こそが石材の有力採取地と想定され，それはカルデラ内芦ノ湖から唯一相模湾へと流下する早川の河川敷こそが最も有力な候補地となろう．

早川は，御組長屋遺跡・山角町遺跡から直線距離で約 500 m の位置にも流れており（図 3.6），立地的には古期外輪山の安山岩が主体となる場所であるにもかかわらず，現在でも中央火口丘の円礫が多数確認できる場所である．河原に転がる"石"の大きさをみると，100 号遺構出土の自然円礫と同等のものを多く確認することができ，早川河川敷を石材採取地と想定することは妥当であると思われる（図 3.11）．

表3.1 出土製品・未成品の大きさ (cm)

宝篋印塔	相輪	26.5 ～ 32.2
	笠	23.5 ～ 26.0
	塔身	11.0
	反花座	11.5 ～ 31.6
五輪塔	空風輪	23.1 ～ 24.0
	火輪	13.0 ～ 24.1
	水輪	16.7 ～ 30.4
	地輪	20
粉挽臼	上臼	18.2 ～ 42.2
	下臼	18.2 ～ 42.2
茶臼	上臼	16.3 ～ 19.2
	下臼	32.0 ～ 38.2
石製容器		29.8 ～ 44.7

粉挽臼は上・下判別不明品を含む．

図 3.11 現在の早川河川敷の状況

3.4 石製品の加工

(1) 失敗から読み取る加工技術

　出土した未成品は，さまざまな状態で遺棄されていた．本来，完成した製品ならば，製作者のもとを離れて流通し，消費者の手元へと引き渡されているはずである．それにもかかわらずここに残ったということは，出土した未成品は加工過程で生じた失敗品と評価できる．失敗は各過程で生じており，それぞれの段階の失敗品を比較検証することで，製品がどのような手順で加工されていくのかを復元することができる．出土した未成品＝失敗品から，具体的な石製品の加工過程を復元してみたい．

　これまでにも述べてきたように，素材となる"石"は河原の転石である円礫と考えられる．そして，加工に際しては作り出す石製品に合わせた形状の"石"が選択されている．それはおよそ円礫から加工した円柱状素材あるいはドーム状素材（図3.12）を成形するところから始められている．個々の石製品についてみていきたい．

図 3.12　円柱状素材とドーム状素材

(2) 石塔類の加工

　五輪塔の空風輪は，円柱状素材をもとに加工が加えられる．まず，火輪との連結部の凸部が成形され，次に空輪と風輪の間の溝が刻まれる．円柱を成形する際は，スミトリあるいはディバイダーと呼ばれるコンパス状の工具が用いられたと考えられ，その際に円心となった小穴が残る完成品は出土資料だけでなく，市内に点在する資料にも確認できる．このような経過で加工された小田原産の空風輪は，空輪と風輪が同一の直径・形状になるという特徴がある（図 3.13）．

　火輪はドーム状素材をベースとしている．その後方形に加工し，屋根の反りを出すようにノミを深く入れていく．そして屋根の形状を整え，最後に空風輪との連結孔を彫り込む．屋根の反りを出すために大きくノミを入れるため，屋根に明確な反りが出るのが特徴であり，完成品にもノミ痕が残るものがみられる．

　水輪もドーム状素材をベースにして作られる．コンパス状の道具を用いて円形を作り出し，円形に成形していく．空風輪のみならず，水輪にもコンパス状工具の円心を残した資料が多い．また，梵字は刻まれているものも出土しているが，全体としては少ない．この傾向から，梵字を刻むのは最終段階と考えられる．

　なお，地輪は出土点数が 4 点と少なく，ほぼ完成品であるため，加工過程を明確にすることはできていない．ただし，その他の部位の加工過程を考慮すると，

3.4 石製品の加工

図 3.13 空風輪の未成品　　　　　　　　図 3.14 相輪の未成品

ドーム状素材から成形されたものと推察される.

　宝篋印塔では,笠・塔身・基礎・反花座(台座)は,五輪塔の地輪同様に出土点数が少ないため,明確に加工過程を復元することはできていない.しかし,五輪塔各部位と同様の加工過程で加工が進められたのではないかと推測される.唯一,加工過程が復元できた相輪は,円柱素材をもとに加工が行なわれている.空風輪とは異なり,円柱状素材にらせん状にノミを入れた成形が行なわれるという点に相違がある(図 3.14).

　なお,各部位における出土点数の差は,建築・普請部材のストックヤードとしての役割を持つ 100 号遺構の性格によるものと考えている.五輪塔地輪や宝篋印塔各部位の出土点数の少なさは,方形に成形された石材として転用されやすかったためであろう.五輪塔の火輪や地輪,宝篋印塔の笠・塔身・基礎・反花座などが,史跡小田原城跡御用米曲輪 2 号池の護岸で多量に転用されている様子は(図 3.9),未成品の転用状況を示すよい事例である(図 3.15, 3.16).

(3) 挽き臼類の加工

　挽き臼類には,いわゆる粉挽臼と茶臼がある.膝臼などとも呼ばれる小型茶臼の未成品と考えられる資料もあるが,加工過程は茶臼と同等であろうと思われるため,ここでは一括して扱う.なお,薬研や搗臼などは出土していない.

　挽き臼類は,いずれもドーム状素材をもととし,円盤を作製するような工程で

図 3.15 火輪の未成品

図 3.16 水輪の未成品

加工が進められる．円盤状に加工する際には，やはりコンパス状工具が用いられており，円心穴が残る資料が多く見受けられる．なお，臼目は最終工程で刻まれている（図3.17）．

　粉挽臼上臼の場合は，側面の成形とともに上面の「くぼみ」が彫り込まれ，挽き木孔・供給口・芯棒受けが穿たれ，最後に「ものくばり」と臼目が施される．下臼は，円盤状に加工した後，下面の高台の彫り込みと芯棒孔が彫られる．加工過程のなかでは，上臼の「くぼみ」彫り込み段階と下臼の高台の彫り込み段階の未成品では，上下臼どちらの未成品であるかを判断することは困難である．

　茶臼は上臼と下臼で加工過程が大きく異なっている．上臼は，円柱状に加工した後，コンパス状工具を用いて円形に成形しながら加工が進められている．挽き手孔の蓮座を彫り残して円柱に成形され，「くぼみ」が成形される．その後，挽き手孔・供給口が穿たれ，最後に蓮座の彫刻・臼目が施される．下臼は，円盤状に

3.4 石製品の加工

図 3.17 挽き臼類の未成品

加工されてから，下方を彫り凹めた受皿の外形が成形されていく．その後，受皿が彫り込まれていくが，コンパス状円心穴が複数存在するものもあるため，外形成形時と臼面成形時など，複数回の円形取りが行なわれていた可能性がある．

なお，粉挽臼・茶臼ともに，上臼は供給口，下臼は芯棒孔を開孔する際に破損するケースが多かったようである．供給口・芯棒孔は上下から彫り込まれており，資料によっては孔が上手に貫通せずにズレが生じているものも存在する．

(4) 石製容器の加工

石製容器としたものは，およそ片口がつく三脚の石製容器と考えられるが，底面が平坦な状態のものもあるため，無脚のものも存在した可能性がある．小田原城下での出土事例は 2 例のみであり，小田原市内でも 5 点，神奈川県内の出土点数も 30 点に満たない状況であるため，用途や機能などは明確にはしがたい．ヒデ鉢と報告されている場合もあるが，内面に平滑な摩耗痕が残る資料が確認されることから，粉化道具の可能性も想定される（図 3.18）．

石製片口容器はドーム状素材から加工が進められる．片口と脚となる部分を彫

り残しながら外形の加工が進められる．正円ではなく，円心穴の残る資料も確認できていないため，コンパス状道具は用いていないと考えられる．その後，内面見込みが放射状に彫り込まれ，最後に片口の溝が付される工程のようである．

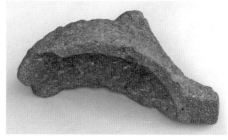

図 3.18　石製容器未成品

3.5　まとめにかえて
―職人の技が支えた中世―

　ここで紹介した遺跡の他にも，石製品の未成品が出土している遺跡は散見される．中世の遺跡としては，岐阜県養老町柏尾廃寺跡周辺で砂岩の切石から加工したと考えられる小型石塔の未成品が確認されている．また，群馬県前橋市の小島田八日市遺跡，同県高崎市の小八木志志貝戸遺跡では安山岩製石製品の未成品が出土している．小島田八日市遺跡・小八木志志貝戸遺跡は近世まで続く遺跡であるが，近世以降の遺跡としては，大阪府阪南市のミノバ石切場跡，同じく阪南市の金剛寺遺跡・飯の峯畑遺跡，滋賀県米原市の曲谷石臼生産遺跡などの存在が知られ，城郭の石垣用石材を切り出した石丁場・石切丁場遺跡は全国的にみつかっている．

　一方，加工場としての痕跡を残す中世以前の遺跡は少なく，関東地方では群馬県みどり市天神山凝灰岩丁場，神奈川県逗子市名越切通跡・同県鎌倉市宝蓮寺跡などがある．いずれも中世前期にさかのぼる可能性のある遺跡であるが，凝灰岩・凝灰質砂岩の石製品を製作しており，ここで紹介した安山岩を加工する遺跡とは異なっている．この他，出土資料の年代観から生産遺跡としての創業時期を中世前期と比定できる遺跡に，滑石製石鍋の生産遺跡として著名な長崎県西海市のホゲットウ石鍋製作所遺跡などがある．

　これらの遺跡では，山からダイレクトに"石"を切り出して製品を製作している様子が確認されており，中世前期と想定される遺跡の多くは石材産出地自体に加工場としての遺跡が所在するという特徴がある．このことから，15世紀後半以

3.5 まとめにかえて

降の山角町遺跡・御組長屋遺跡とは"石"の獲得方法が明確に異なっているのである.

つまり，製品に見合った"石"を山で切り出して加工していた手法から，手近な河原の転石を用いて町場で加工する手法への変化が読み取れ，特注品あるいは大型品から小型品の量産生産への生産体系の変化がうかがえる．青木家の「由緒書」に記された「山石切」「仕上ケ職人」「五輪師」との表現も，山での切石と町場での加工という石切の分業状況を示していると考えられよう．

15世紀になると，戦乱による物流の変化は地方の発展を生む．その結果，市場は合理的な大量生産を必要とする時代になったとされる（中島, 2010）．このような転換は，石製品においても例外ではなかった．石塔においては，中世前期の大型・オーダーメイドの石塔から100cm弱の小型の石塔が主流となり（佐々木, 2009a），粉挽臼や茶臼などもこの頃より出土量が顕著に増加している様子が確認されている（佐々木, 2018）.

西相模地域において，このような大量生産時代の石製品製作に対応するために選ばれたのが低地部でも採取できる円礫であった．箱根山起因の安山岩が豊富なこの地域では，加工しやすい中央火口丘の"石"を採取するため，山間部まで足を伸ばさなくても採取できる石製品の素材として，早川河川敷の転石を採用した．このように，山から"石"を切り出すことから，転石を用いることで西相模地域の石切は大量生産に対応したのである．

山角町遺跡・御組長屋遺跡は，このような状況にあって石製品の生産年代が把握できるとともに，生産者である石切の存在，経済的・政治的な庇護者となりうる権力者（小田原北条氏）の存在，そして，素材となりうる"石"の産出地や採集地が化学的に裏づけられるという複合的・多角的な視点での条件がそろった遺跡である．

そして，加工途中に廃棄された未成品の存在から，それぞれの石製品の加工過程・加工技術を確認することができたことは，重要な成果であった．たとえば挽き臼類は，時期による形態変化が乏しい資料であることから，評価が難しく扱いにくい遺物であった．しかし，加工技術・加工手法を確認することで，地域的あるいは時期的な特徴が垣間見え，考古学的な視点で位置づけが行なえる可能性がある（佐々木, 2018）．同様のことは，他の石製品においてもいえるはずであり，

時代を問わず多量に出土するさまざまな石製品を加工技術・加工手法から再考することで，より多くの情報が得られる可能性を示していよう．

しかし，ここで明らかにできた点は，中世後期以降における石製品の生産活動の一端にすぎず，中世前期の石製品の生産様相を解明するにはいたっていない．硬質石材の産出地の少ない関東地方では，中世前期から西相模地域を生産地とする石材の加工が行なわれていたことは間違いない．それは，紀年銘を持つ石塔類の石材鑑定からもみいだせる点である（佐々木，2009c）．

今後は，中世前期の石製品の生産状況を把握し，山角町遺跡・御組長屋遺跡や他遺跡の事例をもとに，ヒトと"石"との関係をより具体的に検討していくことが，大きな課題といえよう．

参考文献

秋池　武（2005）中世の石材流通，高志書院．
秋池　武（2010）近世の墓と石材流通，高志書院．
蘆田伊人編（1977）新編相模国風土記稿第2巻（大日本地誌大系20），雄山閣．
大森昌衛ほか（1986）関東地方（日本の地質3），共立出版．
小田原市（1988）史料編近世Ⅱ（小田原市史），小田原市［本文中では小市史近Ⅱと省略］．
小田原市（1990）史料編近世Ⅲ（小田原市史），小田原市［本文中では小市史近Ⅲと省略］．
小田原市（1991）史料編中世Ⅱ（小田原市史），小田原市［本文中では小市史中Ⅱと省略］．
小田原市（1995a）史料編原始古代中世Ⅰ（小田原市史），小田原市［本文中では小市史中Ⅰと省略］．
小田原市（1995b）史料編近世Ⅰ（小田原市史），小田原市［本文中では小市史近Ⅰと省略］．
小田原市（1999）通史編近世（小田原市史），小田原市．
小田原市（2001）別編自然（小田原市史），小田原市．
香川達郎（2005）御組長屋遺跡第Ⅴ地点発掘調査報告書，玉川文化財研究所．
香川達郎ほか（2006）山角町遺跡第Ⅳ地点発掘調査報告書，玉川文化財研究所．
神奈川県（1971）史料編4近世(1)(神奈川県史)，神奈川県［本文中では神県史と省略］．
国井洋子ほか（1997）五輪塔，戦い・祈り・人々の暮らし―嵐山町の中世―（嵐山町博物誌5），嵐山町．
黒田基樹（1995）武田氏の駿河支配と朝比奈信置，武田氏研究，14号，武田氏研究会．
小林義典ほか（2001）御組長屋遺跡第Ⅰ・Ⅱ・Ⅲ・Ⅳ地点発掘調査報告書，都市計画道路小田原早川線改良工事遺跡発掘調査団．
坂井　隆ほか（2001）小八木志志貝戸遺跡群3（中世編），（群馬県埋蔵文化財調査事業団調査報告275集），群馬県埋蔵文化財調査事業団．
佐々木健策（2009a）西相模における石塔の加工と変遷．小田原市郷土文化館報，No.45，小田原

参 考 文 献

市郷土文化館.
佐々木健策 (2009b) 円礫による石製品の加工―中世後期の未成品から―. 歴博, No.155, 国立歴史民俗博物館.
佐々木健策 (2009c) 円礫加工にみる石材加工技術. 小野正敏科学研究費補助金「中世東アジアにおける技術の交流と移転―モデル，人，技術」研究会：中世における石材加工技術〜安山岩製石造物の加工と分布〜，国立歴史民俗博物館.
佐々木健策 (2010) 中世後期の小型石塔に見る加工技術と伝播. 小野正敏科学研究費補助金,「中世東アジアにおける技術の交流と移転―モデル，人，技術」研究会, 国立歴史民俗博物館.
佐々木健策 (2013) 石製品の生産. 企画展示『時代を作った技術―中世の生産革命―』展示図録, 国立歴史民俗博物館.
佐々木健策 (2018) 挽き臼類の展開にみる中世. 国立歴史民俗博物館研究報告, 第210集『中世の技術と職人に関する総合的研究』, 国立歴史民俗博物館.
佐々木健策ほか (2016) 史跡小田原城跡御用米曲輪発掘調査概要報告書 (小田原市文化財調査報告179集), 小田原市教育委員会.
佐藤仁彦ほか (2004) 史跡名越切通 確認調査報告書 (逗子市埋蔵文化財発掘調査報告書4), 逗子市教育委員会.
静岡県 (1996) 資料編(8)中世4 (静岡県史), 静岡県 [本文中では静県史と省略].
鈴木庸一郎ほか (2001)『古都鎌倉』を取り巻く山稜部の調査, 神奈川県教育委員会.
中島圭一 (2010) 十五世紀生産革命論序説. 中世東アジアにおける技術の交流と移転―モデル, 人, 技術, 国立歴史民俗博物館.
中島圭一 (2018) 十五世紀生産革命論再論. 国立歴史民俗博物館研究報告, 第210集『中世の技術と職人に関する総合的研究』, 国立歴史民俗博物館.
原 廣志ほか (2012) 宝蓮寺跡 (鎌倉市埋蔵文化財緊急調査報告書28), 鎌倉市教育委員会.
本間岳人 (2009) 関東地方における中世石造物〜石材と石塔, 関東形式について〜, 小野正敏科学研究費補助金「中世東アジアにおける技術の交流と移転―モデル、人、技術―」研究会：中世における石材加工技術〜安山岩製石造物の加工と分布〜, 国立歴史民俗博物館.
松井一明 (2009) 駿河遠江における安山岩製石塔の分布と流通, 小野正敏科学研究費補助金「中世東アジアにおける技術の交流と移転―モデル、人、技術―」研究会：中世における石材加工技術〜安山岩製石造物の加工と分布〜, 国立歴史民俗博物館.
山川 均 (2006) 石造物が語る中世職能集団 (日本史リブレット29), 山川出版社.
山川 均 (2008) 中世石造物の研究―石工・民衆聖― (日本史史料研究会選書2), 日本史史料研究会.
山下浩之 (2009) 岩石学的検討による石材給源の推定〜箱根火山の安山岩を例に〜.『中世における石材加工技術〜安山岩製石造物の加工と分布〜』科学研究費補助金「中世東アジアにおける技術の交流と移転―モデル, 人, 技術―」研究会, 国立歴史民俗博物館.
山下浩之ほか (2008) 特別展図録『箱根火山　いま証される噴火の歴史』, 神奈川県立生命の星・地球博物館.

第4章 中世における金属製品の生産と技術
―鉄鍋・銅鏡を例として―

村木二郎

4.1 人びとの生活を変えた生産
　　　―鉄鍋―

(1) 鉄鍋の普及

　中世の生産活動は，不特定多数の消費者に向けた商品を生産し始めることに大きな特徴がある．そのためには，消費者のニーズに合わせた商品を開発し，購入可能な価格で販売できるようコストを抑えなければならない．古代の官衙関連工房や，寺院付属工房で作業に従事していた工人たちの発想にはなかった，大きな転機がおとずれることとなった．そうして，中世の職人たちが開発した商品が普及するにつれ，人びとの生活に変化をもたらしていった．

　さまざまなジャンルの生産活動においてこうした動きがみられた．鉄や青銅を加工する金属製品生産も同様である．鉄製品のなかで，日常生活に溶け込んでいったものとして重要なのは鉄鍋であろう．実のところ，遺跡からみつかる鉄鍋は非常に少なく，その普及度合いを正確に知ることは難しい．その理由は，陶磁器と違って鉄製品は錆びてしまうために残りにくく，また廃品をリサイクルに回すシステムが発達していたために，ゴミとして廃棄されずに回収されることが多かったからである．

　それでも，間接的な現象からその影をとらえることができる．東北や北陸，関東地方では11世紀後半から土製の煮炊具がみられなくなり，また信濃では土製煮炊具が減少するなかで鉄鍋を模倣したと考えられる土製羽釜が現れる．このことから，中世初頭には土製煮炊具に代わって，鉄鍋がかなり普及していたことが想定される（中世土器研究会編，1995）．また，生産遺跡の発掘調査事例が増えたことで，鉄鍋を鋳込んだあとに廃棄された鋳型の出土例も蓄積されてきている．

文献史料では，11世紀中頃に成立したと考えられている『新猿楽記』に，各地の名産品として能登釜，河内鍋があげられている．ところで，中世の北海道では，本土とは習俗が異なり，鉄鍋を墓に副葬した．鉄鍋は交易によって本土から手に入れたため，本土では残りにくい鉄鍋だが，北海道の遺跡をみることによって理解の助けを得ることができる．それによると，いくつかの種類とかなりの数の鉄鍋が北海道にわたっており，本土における鉄鍋生産の活況がうかがえるのである（口絵6）．

古代には貴族や寺社など，限られた人たちの間でしか利用されていなかった鉄鍋が，中世になると人びとの生活のなかになくてはならないものとして浸透し，日常生活を大きく変えていったのである．

(2) 中世的商品生産の萌芽

まず，中世初頭の鉄鍋生産遺跡をみてみたい．

中世の鉄素材は，砂鉄製錬によって作られる．これは古代以来の方法で，とくに中国山地では，これも古代以来の長方形箱型炉を大きくし，地下構造に防湿などの工夫を凝らしながら中世を通じて砂鉄製錬技術を向上させ，近世の永代たたら製鉄にいたったことはよく知られている（角田，2010）．しかし，中世に製鉄を行なっていたのは中国山地だけではなく，東北地方の阿武隈高地などでも多くの製鉄炉が見つかっている．中世初頭の北陸や出羽では，砂鉄製錬によって鉄素材を生産し，さらにそれを用いて鉄鍋を鋳造していた遺跡も発掘調査されている．

秋田県山本郡三種町（旧琴丘町）の堂の下遺跡（図4.1）は，八郎潟の東岸丘陵上に位置する（磯村ほか，2004）．近辺には製鉄炉を伴う古代の製鉄遺跡も多く，原料となる砂鉄に恵まれた土地であることがわかる．

堂の下遺跡からは中世の遺構として，砂鉄から鉄を生産する製錬炉2基，鋳物製品を作るために鉄を溶かした溶解炉2基のほか，砂鉄を掘った採掘坑，燃料となる炭を焼いた炭窯，生産に伴う産業廃棄物を捨てた排滓場などがみつかっている．鍛冶遺構も確認できるが，これが精錬・鍛錬鍛冶を経て鍛造製品を製作した生産遺構か，道具のメンテナンスのための鍛冶跡かはわからない．いずれにせよ，砂鉄の採掘から，それを用いた鉄生産，その鉄を使った鋳造製品の製作，さらにはそれらの作業に必要な燃料確保にいたる一連の作業が，この遺跡内ですべ

て行なわれていたのである．排滓場などから出土した溶解炉の炉壁や，鉄滓，鉄塊，鋳型などの製鉄・鋳造関連遺物は10トン余りにのぼり，その生産規模の大きさがうかがえる．ともに出土した珠洲(すず)系陶器の年代から，堂の下遺跡における生産活動は12世紀後半代に行なわれていたと考えられている．

　この遺跡で何を製作していたかをうかがうことができるのは，排滓場などから大量に見つかった鋳型による．そのほとんどは鉄鍋のものである．鋳型は製品をとりはずすときに破損しやすく，小さな破片となって残るのが一般的である．そのため，そこから復元できる製品本来の姿は必ずしも正確ではないが，堂の下遺跡から見つかった鍋鋳型からは，直径30cm，深さ15cm程度で，口径と底径がほとんど同じ寸胴で平底タイプの鉄鍋が復元できるようである．

　鉄鍋の鋳型は，数種類の粘土を使った土製品で，外型と中子(なかご)からできている（図4.1）．鉄鍋の大きさを規定する外型は，まず小石やスサなどを混ぜた粗い土で鍋形を作り，素焼きする．次に，それを土台として内側に真土(まね)と呼ばれる細かい土を塗りつける．その際に，木で作った挽(ひ)き型(がた)をコンパスのように押し回し，整形しながら真土を塗るので，同じ挽き型を使うと同じ形の外型ができる．同一遺跡から，同じ大きさの鉄鍋を鋳込んだと思われる鋳型が複数出土するのは，同じ挽き型を使って鋳型を作っているからである．これは，ある程度の量産を前提とした技術といえよう．ただし，堂の下遺跡から出土した鋳型はすべて同じ形に復原できるわけではなく，口縁部から胴部にかけて形状や意匠に違いのあるものも存在する．そのため，数種類の挽き型を用いて，数種類の鉄鍋を生産していたことがわかる．

　堂の下遺跡で生産された鉄鍋は，八郎潟から日本海ルートに沿って出荷されたことであろう．11世紀後半に土製の煮炊具が消滅してしまった東北や北陸地方では，こういった鉄鍋が早くから普及していたに違いない．

　同じような遺跡は，北陸地方でも見つかっている．石川県小松市林遺跡は，古代の大規模製陶・製鉄遺跡群である南加賀窯跡群の一画に所在する（久田，1993；望月ほか，2003）．燃料となる森林資源を確保しやすい丘陵上に位置し，8世紀には箱型炉を用いた砂鉄製錬を行なっていた．11世紀末から12世紀前半にかけては，新しく登場した竪型炉を用いた砂鉄精錬と，それによって生産された鉄を使った鋳物生産を行なっていた．林遺跡からは，鍋・羽釜・獣脚の鋳型が多

4.1 人びとの生活を変えた生産

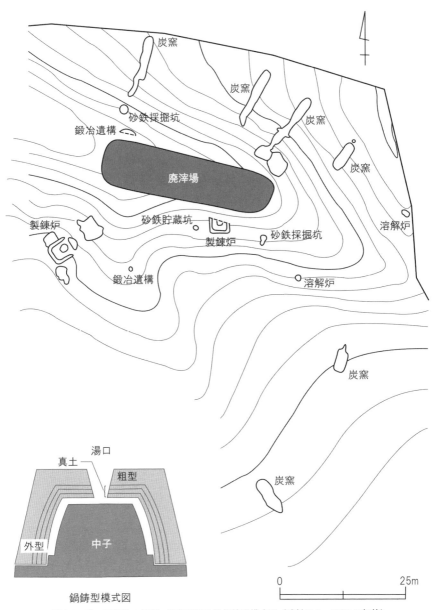

図 4.1 堂の下遺跡の製錬・鋳造遺構と鉄鍋鋳型模式図（磯村ほか，2004に加筆）

数見つかっている．鍋の鋳型によると，口径 40 cm 程度で口縁部が段をなして外開きする形態の，複数の鉄鍋が復元できる．羽釜は，鍔部分の直径が 60 cm 程もある大型の器形となる．獣脚については，釜の脚になる可能性はあるものの，器形を特定することはできない．

これら 2 例の生産遺跡では，いずれも鉄鍋の材料となる鉄そのものも現地で生産しているのが特徴である．まだ，材料が商品として流通していない，中世初頭の生産のありようを物語ってくれる．

このような，原材料から現場で生産していた遺跡ではないが，鋳物生産と漆器生産という異業種の生産活動を同時に行なっていた遺跡がある．新潟県三島郡出雲崎町の寺前遺跡である（高橋，2008）．街道に面した在地有力者の屋敷と，それに付属した工房遺跡で，12 世紀後半から 13 世紀の年代があてられている．鋳型には，鍋や梵鐘のものがあり，鉄の鋳物だけでなく青銅の鋳物も生産していた．中世の鋳物師は銅鉄兼業が一般的であり，このことに疑問はない．鋳型から復元できる鉄鍋は，林遺跡のものと同じく，口縁部が段をなして広がるタイプで，さらに短い脚部と釣手耳などの箇所の鋳型も見つかっている．鋳造後に，溶かした鉄を流し込んだ湯口部分を折り取った鉄塊が，数点見つかっているのは珍しい．一般的な丸型の湯口に混ざって，一文字型の湯口が 1 点含まれており，技術の異なる複数の工人が活動していた可能性も考えられる．

以上のようにみてきた例からは，鉄生産と鋳物生産，漆器生産と鋳物生産など，鋳物に特化していない生産状況がうかがえる．これらの遺跡は，ある程度の存続期間を持つ生産遺跡であり，とくに日常生活用具である鉄鍋を数多く生産している点は共通している．中世初頭に鉄鍋が普及していくなかで，鉄鍋を主力商品として生産しつつも，まだそれに特化できていない，移行期の生産体制とみることができるのではないか．不特定多数の消費者に向けて大量生産を行なう，中世的商品生産の萌芽と位置づけられよう．

(3) 鋳物師集落と中世的商品生産

鋳物生産に特化した鋳物師集落がみられるようになるのは，13 世紀から 14 世紀前半頃を中心とした，中世前半の遺跡である．大阪府堺市（旧南河内郡美原町域を含む）余部日置荘遺跡は，河内鋳物師の活動拠点と考えられている．森林資

源の豊富な山間部や丘陵部ではなく，耕地や集落が広がった平野部に位置している．

余部日置荘遺跡（図4.2）では，南北に250m以上にわたって広がる工房群が見つかっている（小浜，2002）．これらは，南北棟の掘立柱建物と鋳造に関わる土坑からなり，建物の内部で作業していた様子も復元できる．たとえば，掘立柱建物97-A-1は5間×2間の南北棟の建物で，南側に庇を持つ．南側1間の部屋は，東側にもう1間分，部屋を拡張している．この東側に広がった箇所には，2.2×2.9m，深さ0.1mの隅丸方形の土坑36がある．そこからは焼けた石と鋳型が出土していることから，建物内の作業場と考えられよう．

建物の外にも，鋳造に関わる作業をした場は設けられている．鋳造土坑11は，上段径約1.75m，下段径約0.5mの二段掘り円形土坑で，中心部の深さは約0.85mである．深く掘り下げた下段部分には細かい砂が詰められ，その上には河原石と粘土が円形に並べられている．その周囲からは，焼けた粘土塊，炭，炉壁片と，鍋鋳型が出土している．これは，鍋鋳型を砂の上に据え，円形の石組で固定して，溶かした鉄を流し込んで鋳込みを行なった，鋳造遺構と考えられている．このように，鋳込み作業は屋外でやり，屋内では鋳型の製作などが行なわれたようである．

鋳型は，鉄鍋のものと羽釜のものが見つかっている．口径27.6cm，深さ10.2cmで，段をもって外開きするものや，口径36.0cm，深さ15.8cm以上で，直立口縁となるもの，また片口がつくものなど，数種類の形態の鉄鍋が復元できる．数種類の挽き型を使って，数種類の規格品を大量生産していたのであろう．

遺跡内には，溝で囲まれたいくつかの区画が存在する．とくに鋳造工房群のすぐ東側の区画Iは，東西71m以上，南北約58mの屋敷地で，さらに内部は南北に走る溝によって東西区画に分かたれている．建物跡は鋳造工房群側の西側区画に集中しており，そこでは庭園と思われる池状の遺構も確認されている．この屋敷地内からは鋳造関連遺物はほとんど見つかっておらず，作業現場とは明確に画されていることが明らかである．そのため，この広大な屋敷地は，鋳造工房群で働く鋳物師たちを統括した，有力者の屋敷地と考えられている．中国山地などで生産され，流通している鉄素材を入手し，大量に生産した鉄鍋を主とした製品を各地へ販売する．そういった流通ネットワークは，こうした有力者が介在するこ

82 第 4 章 中世における金属製品の生産と技術—鉄鍋・銅鏡を例として—

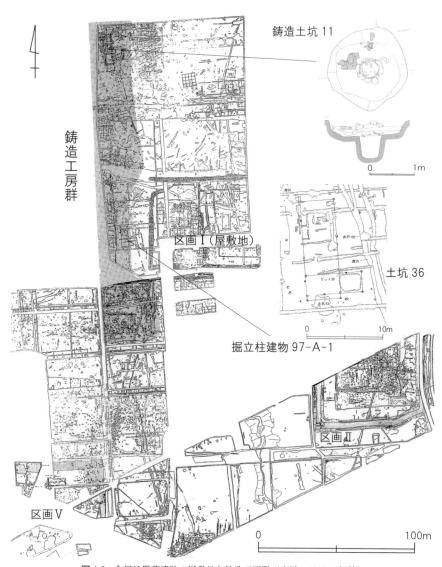

図 4.2 余部日置荘遺跡の屋敷地と鋳造工房群（小浜，2002 に加筆）

とで円滑に機能していたのであろう.『新猿楽記』に記された全国に名立たる「河内鍋」は,このようにして全国に広まったのである.

東日本では,埼玉県坂戸市金井遺跡B区(図4.3)が,鋳物師集落として著名である(赤熊,1994).台地の北東端に位置し,台地上面には多数の掘立柱建物跡や,井戸,区画溝などが広範囲に展開している.13世紀後半から14世紀前半に

図4.3 金井遺跡B区の工房群(木戸・赤熊,2000に加筆)

かけて，継続的に営まれた工房群である．また，東側の緩斜面および平場にも，鋳造関連遺構が広がっており，そちら側からは梵鐘，小仏像，飾金具，獣脚などの，仏具関連の鋳型が集中して見つかっている．

鉄鍋や羽釜など，日常的な生活用具を生産していたのは，台地上の工房である．遺構のまとまりから，西側の第1鋳造遺構群と，東側の第2鋳造遺構群に分けられている．第1鋳造遺構群からは不整形の鋳造土坑が見つかっており，複数回にわたる鋳込み作業の跡が確認できる．出土した炉壁には，高熱を受けて破損した箇所に粘土を貼り付けて補修した痕跡もみられ，溶解炉を修復して何度か利用したことがわかる．掘立柱建物跡が5棟分見つかっているほか，井戸も配置されており，臨時の作業場ではなく，ある程度継続的に操業した工房跡である．鋳型には，羽釜，容器，犂先などのものがみられるが，最も多いのは鉄鍋の鋳型である．

第2鋳造遺構群からは鋳造土坑が5か所見つかっている．そのうちの2か所からは，床面の中央部付近に炉跡も確認されている．別の鋳造土坑の端部にも鋳込み跡があり，ここでは集中的に何度も鋳込み作業が行なわれていた．また，鋳型を乾燥させる際に使うと考えられる，三叉状土製品も見つかっており，鋳込み前の作業もこの辺りで行なわれたと考えられる．鋳造土坑群の南側には掘立柱建物が建ち，それと溝とで，この範囲を区画している．このようなまとまり全体から，この遺構群も継続的な作業場であったといえよう．鋳型から，主として鉄鍋を製作していたことがわかる．

金井遺跡B区は，梵鐘など仏具類の鋳型が注目されがちであるが，仏具関連の製品は注文生産品と考えられ，これらを恒常的に生産していたわけではない．一方，日常用具を作っていた工房群は，台地上に展開しており，建物や複数回の鋳造作業の跡などから，継続的な生産活動の様子をうかがうことができる．このように，金井遺跡B区の主力製品は鉄鍋を主とした日常生活用具であり，不特定多数の消費者に向けて，恒常的に生産していたと考えられる．

以上みてきたように，西の鋳物師集落・余部日置荘遺跡も，東の鋳物師集落・金井遺跡B区も，鉄鍋を主とした日常生活用具を，長期的に操業した工房で大量生産していた．これらの工房では，もはや前代のように砂鉄製錬によって鉄素材を自給することはなく，流通している鉄素材を入手して材料にあてた．金井遺跡

B区では木炭窯とされる遺構もわずかにみられるものの，工房全体を支えるには不十分であり，燃料もまた他所から手に入れていたと考えられる．中世の生産活動は，活発な流通網に支えられて発達した．鋳物生産に特化した中世前半の大規模鋳物工房は，このようにして材料や燃料を他から入手し，製品をまた流通網にのせて販売したのである．大量生産による，不特定多数の消費者向け製品の生産という，中世的商品生産体制が実現していたといえよう．

(4) 中世後期の商品生産

先にみた，余部日置荘遺跡も金井遺跡B区も，14世紀前半，すなわち中世前半をもって生産活動がみられなくなる．中世後半の鋳造工房は，短期間操業の臨時的工房を除くと，未だによくわかっていないのである．そのようななか，鳥取県西伯郡伯耆町三部古城山遺跡で，15世紀後半から17世紀前半の操業と考えられる鋳造遺構が見つかった（長田，2013）．梵鐘のほか，大量の鉄鍋を作っていたのである．しかしこのような事例はまだ数少ない．しかも中国山地という材料を入手しやすい土地での生産が，この時期の一般的な様相を示しているかどうかは不明確であり，今後の検討を要する．

一方で，京都や堺，博多のような都市や，福井市一乗谷朝倉氏遺跡や石川県七尾市七尾城址シッケ地区遺跡のような戦国大名の城下町で，各種の小規模な生産関連遺跡が見つかっている．これら都市部は流通網に取り込まれていてさまざまなものが入手しやすいほか，大規模な消費地であるため商品も大量にさばける．生産者がこうした都市の内部に入り込んでいったことは容易に考えられよう．

また，鉄鍋のように破損品は回収して鋳直すというリサイクルシステムも，都市部での方が効率がよい．戦国時代には店先で菜鍋が60文（「菜ナヘ一代六十文」『多門院日記』永禄十年（1567）十一月廿三日），3升入りの鉄鍋が120文（「三升ナヘ先ニ買之，百廿文」『同』元亀三年（1572）十一月十四日）で販売されているが，リサイクルを前提とすることで，より安価に鉄鍋を売買することができたのであろう．人びとの生活に浸透していったからこそ，時代とともにこのような生産体制に移行していったのである．

4.2 良品生産を目指した工芸技術
―銅鏡―

(1) 七条以南の金属製品職人

これまでみてきたように,コストを抑えて大量に普及品を生産し,人びとの暮らしを変えていった量産技術に対して,緻密な工芸品を生み出した高い技術も,中世の職人たちは追求した.

京都南郊の七条町からのちに八条院町と呼ばれる一帯は,大規模な職人町であった.なかでも,『新猿楽記』に登場する七条以南の保長である金集百成は,鍛冶・鋳物師ならびに金銀細工で,鏡や仏具,容器類の鋳物も得意とし,鉄も銅も扱う人物として描かれている.七条以南には,そういった金属関係の職人が多数いたことを象徴的に表しているのであり,『新猿楽記』が書かれた11世紀後半には,この地にそういったイメージが重なっていたことがわかる.

京都駅周辺の再開発に伴い,この地域は比較的広範囲に発掘調査が行なわれてきた(山本,2006,図4.4).それによって,『新猿楽記』が暗示したとおりに,非

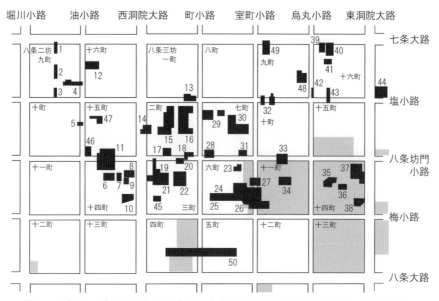

図4.4 七条町・八条院町界隈発掘調査地区(網掛けは「院町十三箇所」)(山本,2006に加筆)

常に多くの金属関係の生産遺跡が見つかったのである．そこには，先にみたような鉄鍋生産の痕跡はまったくみられない．ほとんどが小物の青銅製品の鋳造，なかでも銅鏡生産に関わる遺跡であった．

(2) 七条町・八条院町界隈の金属関係生産遺跡

七条町・八条院町界隈の遺跡で，最初に金属製品の生産が確認できるのは，七条町に近い北東地区である．塩小路と室町小路の交差点付近，左京八条三坊九町・十町・塩小路の調査地区 32 からは，縦 18.9 cm×横 24.4 cm×厚さ 4.4 cm（文様面は縦 15.8 cm×横 20.2 cm）の，完形に近い大型の花枝蝶鳥方鏡（かしちょうちょうもんきょう）の鋳型が見つかっている（図 4.5）．鋳型から復元される鏡周縁部の断面形は，やや台形状の三角形を呈する．湖州鏡（こしゅうきょう）などといった中国・宋代の鏡と同様であり，中世鏡の最初期のタイプである宋鏡式に位置づけられるものである．鋳型本体は，スサや砂礫を混ぜた粗い胎土の粗型（あらがた）の上に，きめの細かい真土を塗った 2 層構造で，真土の表面にヘラで押して，花枝や蝶，鳥を伸びやかに施文している．古代の鏡鋳型は，真土だけで作る単層構造であった．これを 2 層構造にすることで，鋳込みの際に生じるガスがうまく抜けるなど，より安定した鏡生産が可能になった（久保，1999）．中世鏡の生産に共通する，新しい技法である．ともに出土した土器は 11 世紀後葉のもので，この地域における鋳造活動の始まりの時期を示してくれる．周辺からは，ほかにも 12 世紀代の鏡鋳型が出土しているが，生産規模は小さい．また，鏡以外に，仏具や刀装具も作っていたことがわかる．よって，この地区では特定の製品を集中的に生産するような体制はとられなかった．

八条三坊二町周辺地区でも，12 世紀前半から銅細工の活動がみられる．刀装具を主として，仏具なども生産していたことが，出土した鋳型から判明する．鏡鋳型はほとんど見つかっておらず，生産活動自体も 12 世紀代が中心で，それ以降は振るわなくなる．

西洞院大路西側地区では，まずは油小路に面した地点で，12 世紀代から銅細工の活動が認められる．13 世紀に入ると，鏡の鋳型が大量にみられるようになり，その生産規模が拡大したことがわかる．しかしまだ，刀装具など，鏡以外の製品も作っていたようである．その後，次第に八条坊門小路側にも生産域が広がり，鏡鋳型の出土量が増加する．14 世紀に入ると，鋳型に文様を刻むためのヘラの種

類が多様になるほか，型で押す技法も新たにみられるようになる．精緻な文様表現が可能になる一方で，省力化の手法も編み出されており，この地での技術革新の痕がうかがえるのである．八条坊門小路を挟んで南側の十四町域では，生産が希薄になる一方で，北側の十五町域では生産のピークを迎える．この時期に，この地点で生産された鏡の鈕は，すべて花蕊座(かしべざ)であり，一種のブランド品生産のような体制を彷彿させる．しかし，この時期を最後に金属製品の生産はみられなく

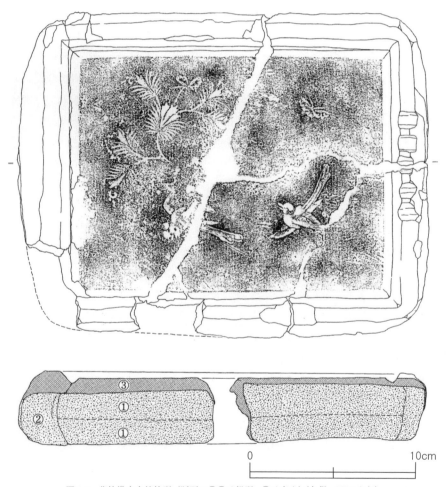

図4.5 花枝蝶鳥方鏡鋳型（断面の①②は粗型，③は真土）（久保，2007より）

4.2 良品生産を目指した工芸技術

なり，14世紀中頃以降は墓地が展開するようになる．

八条三坊三町周辺地区では，13世紀後半頃に銭の鋳型がまとまって出土したほか，鏡や刀装具，仏具も作っていた．このように繁華な職人町の銅細工が，工芸品とともに偽金も作っていたことは興味深い．しかし14世紀前半にはそのようなことはなくなり，鏡生産に特化して，生産は最盛期になる．町小路から辻に入ったところにある宅地に掘られた土坑や，八条坊門小路に面した宅地の裏手の井戸からは，大量の鏡鋳型がまとまって出土している．14世紀中頃に位置づけられているこれらの鋳型群には，文様面がわかるものが多数含まれている．確認できる限り，すべて外周に輻線文帯（ふくせんもんたい），珠文帯（しゅ），列点文帯（れってん）を何重にも巡らせた，中国・漢代の鏡を連想させる，擬漢式鏡（ぎかんしきぎょう）というタイプである．しかも，いずれも界圏（かいけん）が花形を呈しており（擬漢式鏡Ⅱ類，図4.6），きわめて限定されたタイプの鏡を量産していることがわかる．真土に文様を刻むにあたり，菊花文（きっかもん）を型押しで表現するだけでなく，鳥の羽も菊花文の型を部分的に型押しして表している．鈕は花蕊座と亀形の2通りあるが，亀形鈕の甲羅の形は，本来の肩の張った倒卵形ではなく正円形になっており，すでに形骸化している．界圏の花形も，円形界圏に太いヘラをあてて花形にしているだけであり，やはり省力化が進んでいる．しかし，生産のピークにあたって量産に適した合理化が図られてはいるものの，多様なヘラを用いた精緻な表現はむしろ研ぎ澄まされており，工房の技術力の高さをうかがうことができる．ただし，この地区からもこれ以降の鋳造関連遺物は出土しておらず，やはり14世紀中頃をもって生産活動は途絶えたと言わざるを得ない．

八条三坊六町周辺地区では，室町小路を横断して，六町から十一町にわたる広範囲を調査した，調査地区24〜26の成果が際立っている（網・山本，1996，図4.7）．室町小路に沿った六町域からは，13世紀代の柱穴群と14世紀前半代の小礎石群が検出された．これらから建物を復元すると，室町小路に面して，間口3〜5m程度の建物が並び立つ様子がうかがえる．建物はいずれも独立したもので，洛中洛外図屏風に描かれているような長屋ではない．建物の奥行きは9〜10m程度で，奥の空閑地には井戸やごみ捨て穴が設けられた．六町内の南北中心ラインの位置には，礫で舗装された辻が通り，その両側は柵列で囲まれている．その南側柵列が，室町小路から30mばかり入ったところで南に折れて，宅地の裏手を限っている．室町通り沿いの宅地のありようが明瞭にわかるであろう．

第4章 中世における金属製品の生産と技術—鉄鍋・銅鏡を例として—

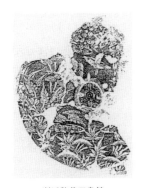
洲浜秋草双鳥鏡

洲浜秋草双鳥鏡

亀甲花文地双鳥鏡

擬漢式鏡Ⅰ類

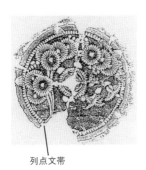
列点文帯

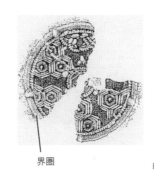
界圏

輻線文帯　珠文帯

擬漢式鏡Ⅱ類

牡丹文

山吹文

双鳥文

擬漢式鏡Ⅲ類

図 4.6　擬漢式鏡鋳型と分類（拓本は網，1996 より）

4.2 良品生産を目指した工芸技術

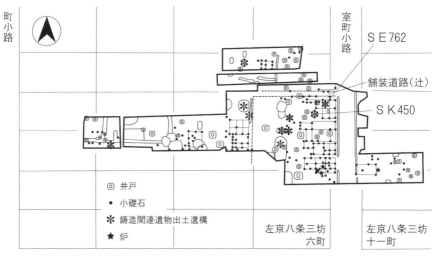

図4.7 左京八条三坊六町・十一町（調査区24〜26）遺構図（網・山本，1996に加筆）

　この宅地の建物内から数基の炉跡が見つかっている．直径0.5〜0.7 m の不定形の穴に，粘土と砂泥を交互に敷き詰めたもので，表面に焼けた跡が確認できるものもある．建物裏手のごみ穴からは，大量の鋳造関連遺物が見つかっており，通りに面した建物内で鋳造作業をしていた銅細工の姿が浮かび上がってくる．室町小路を挟んで東側の十一町域からも同じような様子がうかがえ，室町通りに面したこの一帯が銅細工町であったことがわかる．小規模な宅地それぞれが，銅細工の工房であったのである．
　仏具や懸仏の鋳型もあるが，やはり鏡鋳型が圧倒的に多く，この地域でも鏡が集中的に生産されていたことになる．辻に近い工房の，井戸SE762と土坑SK450から，鏡鋳型が大量に見つかっている．これらは14世紀前半の遺物群で，文様面がわかるものはいずれも擬漢式鏡の鋳型である．洲浜秋草双鳥鏡や，亀甲花文地双鳥鏡など，非常に残りのよいものも含まれている．これらの界圏はいずれも円形界圏であり（擬漢式鏡Ⅰ類，図4.6），八条三坊三町周辺地区で生産されていた擬漢式鏡とは異なる．また，細かな表現を特徴とする，牡丹文，山吹文，双鳥文の鋳型は，周縁部から緩やかな斜面をなして文様面を形作る擬漢式鏡の一群である（擬漢式鏡Ⅲ類，図4.6）．

図 4.8 延祐二年銘瑞花双鳳鏡（広瀬，1938 より）

　実はこのタイプの擬漢式鏡に，元代の中国にもたらされて，大正時代に上海で発見されたものが知られている．鏡の周縁部を内傾気味に削り，そこに「湖州昌卿造／延祐二乙卯春」と銘文を刻んだ，瑞花双鳳鏡である（図4.8）．延祐2年は元の年号で1315年にあたり，14世紀の早い段階に，すでに中国にわたっていたことがわかる．この銘文を素直に読めば，中国の湖州で延祐2年の春に昌卿がこの鏡を製作した，ということになる．しかしこれは明らかに日本製品，さらには七条町・八条院町の銅細工町で作られたものである．元代の中国は，宋代までと異なり，鏡の生産が下火になっていた．かつては鏡生産の中心地であった湖州ですら，その技術の衰えは隠せなかったようである．そこで，日本から輸入した精良な鏡に「偽刻」をし，湖州産と主張したかったのではないか．ご丁寧に，周縁

部を内傾気味に削り込んでいるのは，湖州鏡に似せるためだったのかもしれない．

さて，工房の様子が具体的によくわかる，この八条三坊六町地区の生産活動も，14世紀中頃を最後に終焉を迎えるのである．11世紀後葉に始まった，七条町・八条院町界隈の金属製品生産活動が，14世紀中頃をもっていずれも終了してしまう要因は何であろうか．

(3) 文献史料からみた八条院町

八条院町については，後宇多法皇から東寺に院町十三箇所が施入された正和2年（1313）以降，『東寺百合文書（とうじひゃくごうもんじょ）』のなかに，しばしばみられるようになる．それは，八条院町の年貢台帳類が残っているためである．これらには，東寺領院町内に屋地や畠を持っており，年貢を負担した人びとの名前が記されている．なかには職名で記されているものもあり，番匠・金屋・箔屋・椀屋・塗師（ぬし）・蒔絵師・丹屋（紅屋）・豆腐屋・紺屋（こうや）・檜皮屋・笠屋・鹿屋（ししや）・皮屋・綿屋・紙屋など，多種多様な職人が住んでいた町だったことがわかる．なかでも，金屋・箔屋は金属関連の職人であり，先にみたように発掘調査によって判明した七条町・八条院町界隈の様子に対応している．

発掘調査地点と年貢台帳類とを照合できるのは，八条三坊六町地区で取り上げた，八条坊門小路—梅小路間の室町小路沿いである（表4.1）．元応元年（1319）「八条院々町地子帳」（『東寺百合文書』へ函21）は，大路・小路に面したそれぞれの町を図示し，そこに名前と地子額，納入年月日を列記している．六町側の「西頬」には，北から又次郎，性心，妙蓮，又三郎，覚法，……，又次郎，……，四郎大郎，戒心，右兵衛尉，教阿ミ，修賢と27名が記され，それぞれ60〜300文，計4444文の地子（じし）を納めている．十一町側の「東頬」には，南から行妙，孫次郎，丹屋，蓮暁，又石，……，薄屋，……，刑部三郎，アクリ女，願阿ミ，刑部次郎，戒阿ミの25名が記され，200〜600文ずつ，計8050文の地子を納めている．地子に差があるのは，宅地の面積に応じて課されているからであろう．東頬には薄屋（箔屋），「番匠入道」と号す蓮暁，丹屋といった職人がみられる．また，西頬の北から17番目の又次郎には「東ノツラノ番匠ノ許ニアル物歟」と記されており，又次郎は通りを挟んだ向かいの蓮暁のもとに通う職人であったと推測される．

表4.1 八条坊門小路―梅小路間室町小路の変遷

	八条院々町地子帳 1319年				八条院々町地子帳 1338年				八条院下町下地検知注進状 1357年			
		地子額	人物	地子		地子額	人物	地子		人物	地子	地子額
	又次郎	60	○		又次郎	140	○		又二郎入道（在家）	○		140
	※号祖／妙蓮	80										
	性心	100		○	左近三郎	100	○		左近三郎（同）	○		100
	※彦三郎	140		○	木藤三郎／今次郎	140	○		又二郎（同）	○		140
	又三郎	200		○	成寛	200	○		成寛（同）	○		200
	覚法	80	○		覚法	80	○		伊与（同）	○		80
	理証尼	100		○	理照	100	○		理照（同）	○		100
	文勧入道	200			木手六／今又三郎	200			又三郎（同）	○		200
	号尼／経阿ミ	100		○	五郎三郎	100			弥五郎（同）	○		100
	西心	150	○		西信	150			源内			100
									又四郎			44
	長春	170		○	又四郎	170	○		彦太郎	○		65
西頬	善仏	200			ヒコ太郎	123	○		源内	○		163
	寛心	200	○○		※覚信	157	○		九郎			130
	与三	200			※与三郎	135						90
	伊与	260			ヒコ三郎	138						
	智阿ミ	250	○		左近五郎	250	○		左近五郎（有名無実）			250
	東阿ミ ツラ番匠ノ許ニアル物歟								三郎（有名無実）			280
	又次郎	94			又次郎／今左衛門二郎	210						
	善阿ミ	200		○	七郎／今右衛門三郎	200			戒心（同）			204
	又了意／妙阿ミ	190			見三	190			五郎			106
	大進房	200		○	大進	200			平太郎入道（新開）			200
	善額	100			藤三郎入道	100			同（新開）			200
	右馬允	300			トケ御前	100			道念			200
	四郎太郎	120			仏成	100						
	戒心	150			馬入道／今カフ阿ミ	200						
	右兵衛尉	200			馬次郎	135						
					レン正	140						
						120						
	教阿ミ	200		○	教阿弥	200						
	修賢	200		○	修見	200						
	総額	4444			総額	4278			総額			3082

4.2　良品生産を目指した工芸技術

人名	数値	○	人名	数値	人名	数値
戒阿弥	490		大夫三郎	110	又六	110
			ヨー	140	同（新開但夫年／冬より麦）	100
刑部次郎	220	○	形部二郎	220	蓮法（同）	150
顕阿三	400		九郎二郎	136	左近太郎（同）	100
			トウ次郎	234	又六（同）	100
アクリ女	230		アクリ	270	同（同）	200
刑部三郎	400		善信	350	道念（同）	150
左衛門次郎	350	○	道念	378	左近五郎（同）	120
助三郎	200		五郎太郎	266	又六（同）	100
又五郎	300		トウ六	266	左近五郎（同）	100
後家尼	300		右衛門前	400	源内入道（同）	100
円心	400		右衛門五郎	266	右衛門四郎（荒）	300
又猪熊下人名／石井女	600		シ阿弥	266	紀六（荒）	260
			九郎	366	又三郎（新開）	250
薄屋	200	○	ハクヤ	418	左近門二郎（荒）	300
※蓮阿ニ	200	○	レン阿弥	260	又二郎（新開）	250
※美濃法橋	250	○	三乃法橋	300	南無阿弥	300
又蓮性トモ云／木阿弥	300	○	本阿弥	300	源内入道	200
蓮法	500		左近五郎	240	同	340
			チクセん	330	清太郎	300
孫太郎	300	○	孫太郎入道	300	道念	500
観法	400		随性アト	280		
			同（四郎五郎入道）	220		
平七後家／法阿ニ	200	○	四郎五郎入道	200		
又石	300	○	又石	300		
号番匠入道／蓮暁	300	○	蓮教	340		
丹屋	300	○	ヘニヤ	310		
孫次郎	300	○	マコ次郎	310		
行妙	360	○	行妙	310		
総額	8050		総額	8386	総額	4430

○は人物、地子が前代と同じ場合。人名は基本的に資料の並び順で記すが順序を入れ替えた者には※を付した。

建武5年（1338）「八条院々町地子帳」（『同』へ函36）には，図面はないものの，同じ内容のリストが書き上げられている．西頰の年貢負担者は28名になり，又次郎，覚法，理照（元応元年地子帳では理証尼，以下同），西信（西心），与三，覚信（覚心），又次郎，大進（大進房），教阿弥（教阿ミ），修見（修賢）の10名は，元応元年地子帳にも名前がみえることから，20年近くこの地に住み続けていたようである．東頰は29名に増え，行妙，マコ次郎（孫次郎），ヘニヤ（丹屋），蓮教（蓮暁），又石，孫太郎入道（孫太郎），本阿弥（本阿ミ），ミ乃法橋（美濃法橋），レン阿弥（蓮阿ミ），ハクヤ（薄屋），アクリ（アクリ女），形部二郎（刑部次郎）の12名は前代にもみられる．ヘニヤ，蓮教（番匠），ハクヤの職人3名は，20年間にわたってこの地で活動していたのである．西頰に住む通い職人の又次郎も，20年前の倍額の地子を支払っていることから，独立して自分の工房を設けて屋地を広げたのかもしれない．このような住人の比較からわかることは，14世紀前半のこの地域は，非常に安定した生活空間であったということである．また，丹屋（紅屋），番匠，薄屋（箔屋）はたまたま職名が知られるが，名前しか記されていない人びとのなかにも，職人，とくに金属製品生産に関わる銅細工たちが，多く含まれていたと思われる．

　次にこの地域の様子がわかる延文2年（1357）「八条院々町下地検知注進状」（『同』ケ函48）をみると，様相が一変している．西頰は20名（源内は2度出てくるので同一人物とすると19名）に減っている．北側の又二郎入道から弥五郎までは，地子が同じであることから宅地割は変わっていないとみなせ，名前も同じ者がほとんどである．彼らには「在家」と記されており，その地に住んでいることもわかる．しかし，南側は宅地割が大きく変わったうえ，「新開」あるいは「有名無実」と記され，大きな変動があったとみられる．東頰にいたっては，前代の宅地割は完全に消滅してしまっており，「在家」の者はおらず，「新開」または「荒地」となっている．新開地は麦畠になってしまったようだ．19年前に，町屋が立ち並び，そこに職人が工房を構えていた姿は，見る影もなくなってしまっている．劇的な変化が起こったことが，知られるのである．

　この変化の要因は，観応の擾乱にまつわる京中の戦乱であった．とくに，文和4年（1355）に，足利尊氏が足利直冬を東寺に攻めた「東寺合戦」の影響が大きかったようである．この動乱によって，百姓の住屋が壊されたり，焼き払われた

りしている（「学衆方評定引付」文和四年四月二日条『同』ム函29）．これにより一帯は荒廃し，住民たちの多くは四散した．貞治6年（1367）に，この地を耕していた百姓たちが，畠は銅細工・白粉焼(おしろいやき)・紺屋等の跡地のため，産業汚染で土地が痩せて作物のできが悪いと，年貢減免の嘆願をしている（「学衆評定引付」貞治六年四月二十七日条『同』ム函43）．このように，14世紀半ばをもって，七条町・八条院町界隈は，金属製品職人の町としての命脈を終えたのである．

(4) その後の鏡職人

七条町・八条院町界隈以外にも職人町はあったであろうが，これほど大規模なものはいまのところ知られていない．なかでも，金属製品生産に関わる職人層の厚さは圧倒的で，出土鋳型が示すように，当時の鏡のほとんどがこの地で生産されていたと思われる．

15世紀以降の鏡は，一部の例外を除いて，作行の悪いものが多い．この地を去った職人たちは，他所へ移って生産活動を再開したであろう．しかし，これまでのような安定した生産活動を保障してくれるものはなく，何らかの方針転換を迫られたであろうことは，想像に難くない．品質を落としてでも，コストを抑えて量産を目指す，という中世的商品生産が，この分野にも及んだ可能性がある．16世紀になると，石川県七尾市七尾城址シッケ地区遺跡や，埼玉県加須市騎西(かぞきさいじょう)城跡からも，鏡鋳型が見つかるようになる．地方の都市部でのこういった生産のあり方は，鉄鍋の生産と同様に，民間の消費者に向けた商品生産への移行を示しているのではないだろうか．

本章は拙稿「中世鋳造遺跡からみた鉄鍋生産」（『金属の中世—資源と流通—』考古学と中世史研究11，高志書院，2014年），「擬漢式鏡からみた和鏡生産の転換」（『十四世紀の歴史学—新たな時代への起点—』高志書院，2016年），「中世京都七条町・八条院町界隈における生産活動—銅細工を中心に—」（『国立歴史民俗博物館研究報告』210，2018年）をもとに執筆した．詳細に関しては，それぞれを参照していただきたい．

参考文献

青木　豊（1997）所謂擬漢式鏡に関する考察．國學院大學考古学資料館紀要，13輯．
赤熊浩一（1994）金井遺跡B区，埼玉県埋蔵文化財調査事業団．
網　伸也（1996）和鏡鋳型の復原的考察―左京八条三坊三町・六町出土例を中心に―．研究紀要，3号，京都市埋蔵文化財研究所．
網　伸也・山本雅和（1996）平安京左京八条三坊の発掘調査．日本史研究，409号．
五十川伸矢（1992）古代・中世の鋳鉄鋳物．国立歴史民俗博物館研究報告，46集．
磯村　亨・高橋忠彦・足利直哉（2004）堂の下遺跡Ⅱ　中世篇，秋田県教育委員会．
角田徳幸（2010）中国山地における中世鉄生産と近世たたら吹製鉄．日本考古学，29号．
木戸春夫・赤熊浩一（2000）金井遺跡B区Ⅱ，埼玉県埋蔵文化財調査事業団．
久保智康（1999）中世・近世の鏡（日本の美術，No.394），至文堂．
久保智康（2007）花枝蝶鳥方鏡の鋳型～平安後期の銅鏡製作をめぐって～．平安京左京八条三坊九・十町，古代文化調査会（ただし著述は1997年）．
小浜　成（2002）余部遺跡（本文編），大阪府教育委員会．
鋤柄俊夫（1993）中世丹南における職能民の集落遺跡．国立歴史民俗博物館研究報告，48集．
高橋　保（2008）寺前遺跡，新潟県教育委員会・新潟県埋蔵文化財調査事業団．
中世土器研究会編（1995）概説　中世の土器・陶磁器，真陽社．
長田康平（2013）三部古城山遺跡発掘調査報告書，伯耆町教育委員会．
久田正弘（1993）小松市林遺跡，石川県埋蔵文化財保存協会．
広瀬都巽（1938）扶桑紀年銘鏡図説，大阪市立美術館学報，1．
村上伸二（2006）東国における鋳物師のむら．鎌倉時代の考古学，高志書院．
望月精司・宮下幸夫・穴澤義功・大澤正己・鈴木瑞穂（2003）林製鉄遺跡，小松市教育委員会．
山本雅和（2006）八条院町の生産．鎌倉時代の考古学，高志書院．

第5章 「場」からみる中世のモノづくり

小野正敏

　中世をキーワードで語るときに，いろいろな視点があるが，筆者は「中世は都市と商品の時代」ということが多い．中世の人々の生活を支えた焼物や漆器などの耐久消費財をはじめ，毎日必要とする食料や薪，木炭等の燃料など，生活に必要なほとんどの物資が，商品として流通し，銭で購入するものとなった．古代とは異なり，中国製陶磁器や漆器などが「庶民」にまで及ぶ普通の消費財となり，広く日本列島各地の町や村で使われた状況が，各地の発掘調査で確認される．とくに15世紀頃から急激に増加していく都市や町は，商品流通によってその機能が維持されていた．逆の言い方をすれば，この都市や町の大きなニーズがこの時代の生産や流通のあり方を作り出していたともいえるのである．

　生産問題は，消費や流通と表裏の関係にあり，当然ながら全般に商品生産としての側面が強くなっていく．焼物では，中国製陶磁器が瀬戸でコピーされ，さらにその瀬戸製品が東海や北陸地方でコピーされたように，全国流通する上位モデルの商品やその生産技術が，各地へ拡散していった．さらに実物のモノのみならず，生産を担う人間集団も列島規模で動き，各地に根づいて新たな生産の場を生み出していったのである．一方，そうした地方の製品は，生産量も流通範囲も限定され，市場では商品としての階層性が生まれている．

　中世のモノづくりが従来考えていたよりも多様な場，多様な形で行なわれていることが明らかになりつつある．また生産に必要な資源を，直接的な原材料だけでなく，生産に不可欠な燃料薪炭などにも目を向ければ，他の業種の生産者をはじめ，この時代に増加する都市や町の日常生活とも競合し，木材資源の激しい争奪が社会の問題となっていく状況が浮かんでくる．モノづくりや商品流通は，直接的な政治や武力とは距離が遠いが，広く日常生活レベルで常に必要とされるがため

に，社会の基盤で時代の変化と深く関わり，相互に影響を及ぼしていたのである．

5.1 中世のモノづくりを規定するもの

(1) モノの値段と職人の賃金

　中世のモノづくりが商品としての生産が中心であることを前提にすれば，当然ながら生産や流通に大きく影響するのが商品としてのモノの価値＝価格である．場の問題を語る前に概観しておきたい．

　表5.1は，遺跡からもよく出土するモノを中心にして，15, 16世紀の寺院や公家の日記などの文献史料から物価を抽出したもので，商品名と単価，売買された年を示した．またその価格が当時の人々にとってどれほどの経済価値だったのかをみるために，モノづくりに関連した職人の手間日当を加えてある．表では史料の残り方の偏りを反映して京都，奈良などの首都圏と周辺の事例が多いが，ここからモノの相対的な価値を読み取ることができ，モノづくりや流通を考えるときの基礎情報となる．なお，記録年に＊がついた事例は地方の例である．

　焼物を例にみると，一番廉価なのが土器皿（かわらけ）で灯明皿（油杯）は10個で5文，儀礼や宴会などで使うかわらけが1文である．ほうろく（土鍋）が3文．焼締陶器の備前焼の擂鉢が20文で，鎌や小刀と近い値段である．また膳にのる35文の酢皿は中国製染付皿と考えられる．外を黒く燻べた瓦質土器の火鉢は大小で値が倍違う．備前焼茶壺は，高い方は450文，建盞（けんさん）（中国製天目茶碗）は台つきで8貫文である．

　生産，流通と価格の関係からみると，1個1文のかわらけは遠くまで運んでも割に合わず利益がでない．また小さな窯で少ない燃料で生産できるため，各地に生産地が生まれ，振り売りで回れる範囲が商圏となる．備前焼などの焼締陶器の壺・甕・擂鉢（すりばち）の生産は，後述するように良質の粘土と大量の燃料，大規模な窯を作る場が必要であり，16世紀には備前焼，常滑焼，越前焼など特定の産地で生産された商品が，船と陸路によって列島を数分割する広い商圏を寡占する．一方，煮炊き具では壊れやすい土鍋は安いが耐久性のある鉄鍋は60～120文と高額である．また用途全般では日用品は安いが，茶の湯の道具などは非常に高価であり，同じ鋳物製品でも茶の湯釜は日用の鉄鍋の20倍，50倍もしており，焼物にみる

5.1 中世のモノづくりを規定するもの

表 5.1 京都・奈良を主にした 15, 16 世紀の物価比較

	焼物			金属・木製品他			農水産品・職人手間日当		
	単価	品名	記録年	単価	品名	記録年	単価	品名	記録年
							0.2	梅干し	1491
	0.5	油杯	1422	0.3	曽木板	1481	0.5	鰯（1コン）	1492
							0.7	ナス	1491
1文	1.0	かわらけ		1.0	かんなかけ	1491	1.2	ゴボウ（1把）	1489
	3.0	ほうろく	1569	4.0	京くれ	1492	1.6	大根（1把）	1491
				12.0	火箸	1545	2.3	蓮葉（1把）	1489
				12.0	金剛（1足）	1477	6.0	小鯛	1492
	15.0	土鍋	*1236	20.0	鎌	1568	12.0	旅籠代（1人）	*1419
	18.0	スリコ鉢	*1400	21.0	小刀	1517	14.0	エビ（1コン）	1492
	20.0	擂鉢	1430	24.0	薪（1把）	1470			
				25.0	鎌	1560	25.0	素麺（1把）	1517
				30.0	たらい	1439	25.0	ハマチ	1491
				32.0	菜刀（包丁）	1499	25.0	ウサギ	*1401
	35.0	酢皿	1576	35.0	刈鎌	1545			
	40.0	火鉢	1545	40.0	手水桶	1545	36.0	鰹	
	47.0	茶わん皿	1489						1492
50文	50.0	四方火鉢	1488	50.0	金輪（五徳）		50.0	油煙土（墨作り）手間	1569
				50.0	包丁	*1522	50.0	薬缶鋳掛	1590
				54.0	丹波筵	1492			
				60.0	菜鍋	1568	60.0	桶作り手間日当	1574
				70.0	金輪		70.0	屋根葺き手間日当	1424
				75.0	燗鍋	1575			
				85.0	金輪	1468	85.0	いも（1斗）	1491
				85.0	鍬	1567			
100文	100.0	火鉢	1453	100.0	鉄鍋		100.0	大工手間日当	1490
	100.0	火鉢	1462				100.0	壁塗り手間日当	1492
	110.0	火鉢	1446				100.0	大工手間日当	*1419
	110.0	備前茶壺	1406				100.0	鍛冶手間日当	*1419
				120.0	胡銅香炉	1491	100.0	竈塗手間日当	1493
				120.0	三升鍋	1572	110.0	大工手間日当	1470
				130.0	硯箱	1451			
				130.0	金輪	1439			
				150.0	鍋	1439			
				150.0	鋤	1564			
				150.0	轡	1477			
				180.0	つき臼	1480			
				194.0	雨傘	1488			
200文				200.0	畳	1471	200.0	砂糖（1斤）	1517
				250.0	小釜	1487			
				250.0	湯釜	1517			
				300.0	畳	1486	350.0	小釜鋳掛	1590
	450.0	備前茶壺	1406	400.0	井筒	1488	618.0	借家代（3×9間敦賀）	*1558
1貫文				1100.0	美濃紬（1反）	1492			
				1300.0	釜（口1尺2寸）	1487			
				1500.0	笙	1488			
				2000.0	茶の湯釜	1582			
	7000.0	建盞（台付3）	1493	5000.0	風炉釜	1493			
	8000.0	建盞（台付）	1492	5000.0	懸け絵	1493			

用途別の格差と共通する．

　モノづくりの職人の日当をみると，大工，壁塗り，鍛冶などが100文で，東国も同じ数値であり，定額になっていたらしいことがわかる．この大工を例にすると，1日の稼ぎで火鉢や備前焼壺，鉄鍋が1個，擂鉢なら5個，染付皿なら3個が購入できる計算である．鍛冶職人が作った鎌や包丁が，本人の日当の半分か1/3，桶作り職人が作ったたらいや手水桶もそれに近い数値となる．耐久消費財のモノについては，100円ショップを除けば，現代と近似した価格感であろうか．中世のモノづくりのコンセプトは普及品の大量生産だったといえる．さらに，手工業品と農水産品を比較すると，都市部の事例が多いためか，意外なことに後者が割高と感じるのは私一人ではないだろう．

　一方，彼ら職人の住環境はといえば，たとえば湊町敦賀(つるが)の例では，中心部東町の街道に面した間口約6m，奥行約18mの借家料が1年間618文である．同じ頃の京都や奈良の借家でもおおよそ似た数値がみられ，都市に住む商職人の生産・商い・居住の場としては一般的な価格であった．先の大工の1週間分の日当で都市の商業地区に住むことができる．こうしたメリットが商職人を都市，町へと集める力にもなっていたのである．ちなみに戦国城下町一乗谷(いちじょうだに)(福井市)で発掘された町屋も間口6〜9m，奥行12〜15m前後の例が多い．

(2) モノづくりの「場」を規定した要因

　商品としてのモノづくりを「場」の視点からみたとき，生産の場を規定する要件とは何であろうか．先述の視点から主たる要因を消費・流通・資源とし，それらへの依存の強弱関係から四つの類型に分けてみた（図5.1）．Ⅰ消費地型とⅡ流通拠点型は場に依存した生産で，Ⅰは都市，町，村など文字通り消費の場そのもので消費者と密着した生産，Ⅱは流通機能の利便を生かすことを優先した生産であるが，流通拠点も多くは都市や町的な集住があり，大きな消費地でもある．ⅠやⅡでは，生産に必要な資源が簡便に移動可能な生産が条件となる．ここでは多様な業種の集住が特徴となるが，商職人の集住，編成の原理はおのおのの都市や町の性格によって異なる．Ⅲ資源産地型は，中世の生産地というときに真っ先に思い浮かぶ焼物や製鉄，石切など，原材料をはじめ大量の資源を必要とする，あるいは資源が移動できない，資源の存在する土地での生産であり，特定の生産

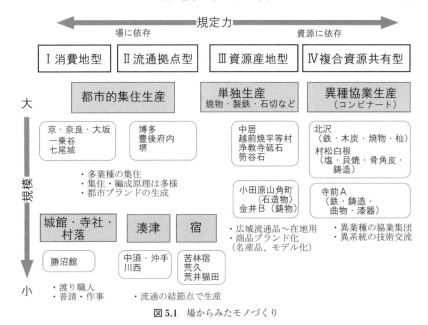

図 5.1 場からみたモノづくり

限定されることが多い．Ⅳ複合資源共有型も資源の存在に依存度が高いが，ここでは複数の異なるモノづくり集団が，共通する資源や場の特性を共用して相互の生産の関係性で成り立つことが特徴である．まさに中世版のコンビナートともいえる形である．

こうした視点で発掘情報の豊富な遺跡を例にして，おのおののモノづくりの実態と場の特性を紹介したい．

5.2 都市・町のモノづくり

都市や町などのモノづくりは，消費地型生産の典型である．場が持つ住民の消費力をメリットに行なわれる生産であり，大きな流通，売買機能とセットになった生産が特徴である．なかでも都市は，人口が大きく，さらに住民の移動，戦乱・火災などの都市災害の頻度の高さなどから，生活財の更新が最も活発で規模の大きい流通・消費地である．一方，都市が広域の政治，経済，文化のセンターとして機能することで，限られた都市内部の住民の需要に限定されることなく，

周辺農村などを含む広域の生産，流通拠点として多様な商品が求められ，商職人の集住が促された．

(1) 戦国城下町一乗谷

最も発掘が進展している都市遺跡の例として，城下町一乗谷を例に概観したい．ここは越前を支配した大名朝倉氏の本拠であり，文明初期に作られ天正元年 (1573) に滅亡した，まさに戦国時代の城下町の実像が発掘されている．町は，朝倉館を核に一族の屋敷群，集住した武家屋敷と寺院群，都市を支えた商職人の町屋群などから構成され，城戸(きど)を境にその内外に性格の異なる町が広がる．城戸の内は朝倉氏によって作られた町空間，下城戸(しもきど)の外は美濃への街道や日本海への川湊があり，物資の集散地として朝倉氏の町作りに先行して存在した町が取り込まれた空間である．町全体の最盛期の人口は1万人弱と推定される．一乗谷に関しては膨大な情報があるが，ここでは生産の場とその特質について述べたい．

城戸の内では，8mの幹線道路や6m，3mの枝道に面して家並みをそろえた町屋が発掘された．近世城下町の侍町，寺町のような明確な棲み分けはないが，朝倉宗家に関わる地区，大型武家屋敷が集中する地区，寺院が集中する地区などの傾向が認められる．町屋が集中する地区では，幹線道路を軸に，道路に面したゾーンが町屋，奥の山裾が寺院となるような占地もみられる（図5.2）．町屋は，溝で区画され，規模は小さいが各戸に井戸，便所を備えており，各戸ごとに機能が完結している．裏店(うらだな)に相当する町屋が共同井戸，便所であるのと対照的である．こうした町屋からは生産に関わる遺構や道具，さらに棹秤(さおばかり)の錘(おもり)などが確認される例があり，その多くが商職人の居住した町屋と考えられる．また発掘では商品を陳列する見世棚(みせだな)は確認されていないが，工房を兼ねたモノづくりの町屋，特に表通りに面した町屋では，生産品が商品として店舗販売されたと推定される．

発掘で確認された職種は，鍛冶，鋳物，藍染め，漆塗り，曲物作り，土器作り，数珠作り，大工，壁塗り，石臼目立て，火縄銃弾丸・部品関連，鹿角製品加工など多彩である．このなかでは，越前焼大甕を並べて床に埋めた設備を持つ藍染めが多いが，これは遺構が残りやすいためかもしれない（図5.3）．またこれがすべて藍染めかは分析を経ないと確定されない．この町で確認された職種は，当時の日常生活を支えるモノづくり，あるいは大工のような職種が主体である．これら

5.2 都市・町のモノづくり

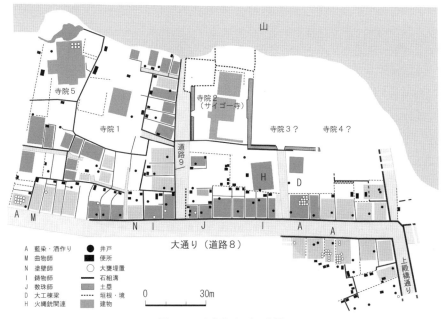

A 藍染・酒作り　　● 井戸
M 曲物師　　　　　■ 便所
N 塗壁師　　　　　○ 大甕埋置
I 鋳物師　　　　　― 石組溝
J 数珠師　　　　　▨ 土塁
D 大工棟梁　　　　‥‥ 垣根・境
H 火縄銃関連　　　▨ 建物

図 5.2　一乗谷城戸の内の町屋

図 5.3　藍甕を持つ町屋（福井県立一乗谷朝倉氏遺跡資料館提供）

は，戦国期や近世の町，領国を単位に職種を集計しても共通して多いものであり，特に鍛冶，大工，藍染めはどこでも上位3ランクである．いわば「時代の需要」ともいえるモノづくりともいえよう．そうしたなかに数珠作りのような少数例があることも重要である（図5.4）．一方，城下町ならではと思わせるのは火縄銃関連くらいで少ない．また，城下町といえば，大工町，紺屋町，鍛冶町などの町名にみるように，同じ業種が編成されて町を形成する同職同町集住が知られるが，ここでは先の大甕を多数埋設した屋敷が数軒ずつ固まる程度で，おそらくそこまでの統制はなかったのであろう．

　能登畠山氏の城下町七尾城（石川県七尾市）では，惣構外側の「シッケ地区」を中心に道路に面した町屋が発掘されている．そして，この地区と周辺から，漆塗り，藍染め，土器作りなどの一般的な製品に加えて鏡作りが確認されている（図5.5）．一乗谷と同様に，時代の一般的な需要商品を主体に，プラスαとして鏡のような少数例が加わる生産状況である．こうした状況は，先述のように，城下町においても，商品生産がその都市住民の需要のためだけにとどまらず，農村を含む広い周辺地域の生産・商品センターとして機能し，その需要に応える品目や

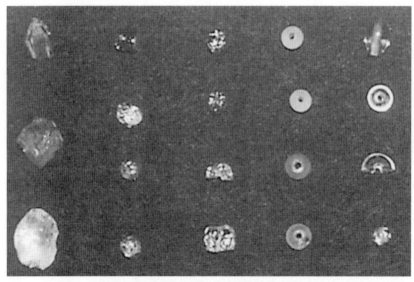

図5.4　数珠作りの遺物（福井県教育委員会所蔵）

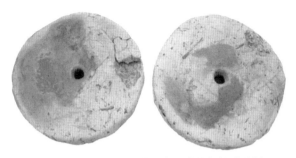

図 5.5　七尾城出土の鏡の荒型（七尾市教育委員会所蔵）

生産量が求められたことを説明している．

　一乗谷では町屋の職人によるモノづくりが原則だが，近年，それとは異なる生産が，上城戸を入った地区で確認されている．そこは大きな屋敷区画で，鍔，目貫，笄などの刀装具を大量に生産した場や，戦国時代では珍しいガラス玉を生産した場が発掘された．この生産に大名権力がどこまで関与したかは不明ながら，こうした例に戦国大名の本拠としての性格が反映されているといえよう．

(2) 勝沼館

　消費地型生産は，その規模を小さくとれば，館や寺院，集落などの単位内の生産となっていく．さらに小規模なのは，場が不定，限定されない渡り職人や城館や寺社の普請作事に関わる現場での出吹きなど，臨時の時限的生産活動などがある．

　城館における工房のあり方を具体的に検討した例として甲斐の勝沼氏館（山梨県甲州市）がある（室伏，2003；萩原，2017）．ここでは，館本体の内郭内と東郭東門に隣接した郭から工房群が確認されている．前者からは，恒常的な建物内に小鍛冶遺構や金工房の遺物や遺構が発見されている．また，後者でも恒常的な長期にわたり生産が継続した工房群が確認され，居住棟 1，荒加工工房建物 1，金属加工建物 1，木製品仕上建物 1 と各生産に関わる廃棄穴数基，井戸 1 からなる．遺物から推定される生産は実に多様で，特に木製品関連では，桶作り，檜物作り，漆塗り，籠作り，木地職などの道具や材料，未製品などが確認され，総合的な生産が行なわれていることがわかる．中小規模の城館における生産の実態を示す好

例である．後者の工房での生産の性格は，勝沼氏が使役として近隣町場の職人を臨時的に招聘し，作業させたものと理解されている（室伏，2003）．

なお，領主館への奉仕や渡り職人の実態は，考古学からは検討できないが，文献史料には豊富な記録が残される．越後の色部氏館（新潟県村上市）には，歳末に領内の番匠や曲物などの職人が新年用の品々を細工する奉仕に訪れることが「色部氏年中行事」に記される（中野，1988）．また奈良の多聞院では，「クワンスの鋳掛け，小釜の底びた三百五十文，薬大の底五十文」（『多聞院日記』天正十一年十二月十六日条）と記され，年末に鋳掛けの渡り職人が家々を回り修繕をした様子がみられる．

5.3 湊と宿のモノづくり

流通拠点型は，港湾や宿などの流通を第一義の機能とする場における生産である．中世の流通拠点の遺跡では，規模の大きいものが博多や堺のような港湾都市である．近年は地方の中小の湊津に関わる遺跡の発掘成果が増えている．また，陸上では街道とともに機能した「宿」と呼ばれる遺跡も流通を担うとともにその生産からも注目できる．これら水陸の流通の結節点が，場の特徴を生かした生産の場となっている実態をみていきたい．

(1) 中小の湊津の生産

島根県益田市の益田川河口地域では，中須と呼ばれる浜堤砂丘の内側に立地する湊と町場からなる遺跡群が調査されている．中須西原遺跡では，旧河道の斜面に15世紀頃に築かれた2時期の船着き用礫敷き護岸が発掘区内約30mにわたって発掘され（図5.6），さらに東に隣接する中須東原遺跡でも同様の護岸が40mにわたって発掘され，益田川の旧河道を利用した港湾施設の実態が確認された．この景観は十三湊（青森県）の前潟に確認された船着き護岸施設と類似している．また遺跡から出土したベトナム陶磁やコンテナ用と考える中国産大型甕などの陶磁器は，流通遺跡を特徴づけるものとして評価できる．

中須西原遺跡の船着き場に面した平地には，浅い凹面状の街路によって区画された東西20m，南北50〜60mほどの街区が5区画以上並び，多くの掘立柱建物

5.3 湊と宿のモノづくり

図 5.6 中須西原遺跡の礫敷護岸（益田市教育委員会提供）

が建てられていた．とくに注目されるのは，護岸石敷きを上がったところに2基の倉庫または作業場と推定される半地下式の方形竪穴が並ぶことである．河岸のような船着き場から荷揚げするそんな位置である．そして，この遺跡では19基の鍛冶炉と鉄滓廃棄土坑が確認された．

中須西原，東原遺跡から少し離れた沖手遺跡も，後背湿地の潟に面した12世紀を中心とする遺跡で，日用の碗皿を主とする大量の陶磁器が発掘された．中須西原遺跡と同じような規模の街路による長方形街区が数区画並んで発掘された．地区によっては街路に面して掘立柱建物群が並ぶ状況が発掘されている．また屋根の置き石と推定される焼けた礫も大量に残っており，板葺きの町屋が立ち並ぶ景観が想定される．12世紀という早い時期にこのような町場の景観が形成され，中国陶磁の大量消費があるのも日本海を利用した湊ゆえの卓越性であろう．沖手遺跡からは鋳物関連の施設を持つ掘立柱建物や多量の鉄滓が発見されており，中須西原遺跡同様に鋳物や鍛冶の生産が想定されている．

川西遺跡（徳島市）は，眉山の南裾を流れる園瀬川の旧河道に発見された護岸施設を持つ湊の遺跡である．12世紀後半〜13世紀に石による斜面状の川岸の護岸が始まり，13世紀後半からは盛り土と石積による護岸が施され，さらにしがらみ

第5章 「場」からみる中世のモノづくり

図 5.7　川西遺跡の護岸と突堤（徳島県立埋蔵文化財総合センター所蔵）

を使った補強を繰り返し，最終的に 15 世紀頃には，中州に向かって幅約 6 m，長さ 15 m 以上の石積の突堤施設が作られた（図 5.7）．これらの護岸や突堤は単なる川岸の保護ではなく，中須西原遺跡や十三湊でもみられた船着き場や荷揚場の機能を持つものと考えられる．この護岸周辺や旧河道から主として鎌倉期の生産関連の遺構や遺物が多数確認されている．それは，土器焼成，漆器や折敷生産，独鈷杵鋳型や木彫蓮華などの仏具生産を示すものである．また，それらに伴った折敷の転用板には「棟」「柱」「桁」「垂」などの文字が読み取れ，別の折敷には「寸八枚」「百枚」「二十支」など寸法や数量の墨書があり，また原材から切り落とした鼻繰の出土もあり，製材や建築材加工に関連した生産を裏づける．

　旧河道は幅約 30 m で，鎌倉時代には海岸線がより近くまで入り，河口から約 4 km の位置にあったと復元されている．神戸港の前身兵庫津の関税台帳「兵庫北関入舩納帳」（1445 年）の記載を引くまでもなく，阿波を含む南海道の主要産物の一つが材木・榑である．山間部の木材など内陸資源と首都圏へ向かう海の流通との結節点となった湊の具体像がこの遺跡であり，そうした場における木を中心とした多様な生産，さらに仏具や瓦の出土からは湊に関わる寺院の存在が暗示され，湊や生産の運営の背景についても検討できる重要な遺跡である．

図 5.8 堂山下遺跡出土の罫描き針（埼玉県教育委員会所蔵）

(2) 宿の生産

堂山下遺跡（埼玉県毛呂山町）は，金沢文庫米良文書「旦那等配分目録」(1382年) にある「苦林宿」に比定されている．遺跡は，越辺川の渡河地点に位置し，南に隣接して延慶3年 (1310) 銘の板碑が立つ伝崇徳寺とされる小寺院跡があり，墓域が発掘されている．ここは，文献史料に記された中世の宿が発掘によって確認されただけではなく，[川・街道＋辻堂＋市場] という宿の景観が復元できる重要な遺跡である．発掘された遺構は，旧鎌倉街道に面して掘立柱建物が並ぶ町並みとその背後のV字堀によって 40×50m 程度に区画された屋敷地から構成される．この街道に面した掘立柱建物の井戸から金工で使う罫描き針が出土し，この町屋で専門的な金工職人が生産をしていたことが確認された (図 5.8)．遺跡は出土陶磁器の年代により 13〜16 世紀初頭に存続したと考えられている．

また「赤沼村絵図」(1665年) には，街道と苦林宿のその後の変遷が描かれている．絵図には渡河点の南から3方に分かれて「古道鎌倉開道」「八王子開道」「江戸開道」が別々に記される．古道鎌倉開道沿いの発掘地点にはすでに集落は描かれず，八王子開道の東側に「苦林村」が描かれ，江戸開道が渡河した対岸には新しく「今宿」が成立している．また古道鎌倉開道を南に下ったところに「市場村」が描かれる．図 5.9 は，明治 18 年 (1885) の迅速測図に遺跡と街道を重ねたものである．堂山下遺跡と絵図からは，各時代の政治の中心地へと結ぶ街道の付け替えに連動して苦林宿が移動，農村化し，川の北側に新たな宿が成立していく経緯を読むことができる．街道とセットで消長する宿の機能を雄弁に語っている．

荒久 (2) 遺跡（千葉県袖ヶ浦市）は，久留里往還（推定鎌倉街道）に面した宿と推定される遺跡で，出土遺物では 15 世紀前半から中葉が多く，15 世紀後半には衰退する．道路を軸に帯状に掘立柱建物が並ぶ区域と背後の作業場・貯蔵施設，さらに南側の墓域から構成される．建物区域は溝で区画される．生産関連の遺物には，砥石が多く，鉄滓の出土からは鍛冶や製鉄の生産が推定されている．注目されるのは井戸から出土した滑石製スタンプ (図 5.10) である．滑石は，柔らか

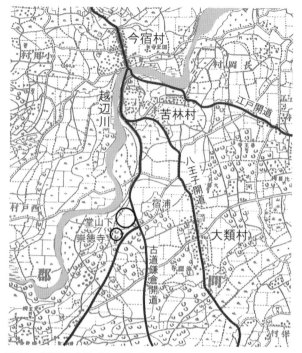

図 5.9 苦林村と街道（埼玉県埋蔵文化財調査事業団，1991 より作成）

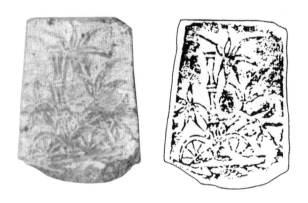

図 5.10 荒久（2）遺跡の滑石製スタンプ
（公益財団法人千葉県教育振興財団承諾）

く文様を彫刻しやすいことに加え，火に強く保温性が高いことが特徴である．スタンプの側面には穴が穿たれている．他遺跡の出土品にはここに木柄がついた火箸状の金具が刺さっていた例もあることから，蝋纈染の蝋のような保温が必要な防染剤を使って文様を置くときに，熱して使う染めの職人道具と推定したい．同じスタンプは鎌倉や博多などの都市遺跡では数多く出土している遺物である．

　荒井猫田遺跡（福島県郡山市）は，陸奥を縦断する「奥大道」と推定される南北道路を軸に，町屋や館などが展開する12世紀後半〜15世紀の遺跡である．幹線道路からは東西道路が2か所で分岐し，近くには阿武隈川につながる川があるなど，街道と水運が交わる流通の拠点であった．南半部の鎌倉期の状況をみると，東西道が分岐する地点には，道路上に木戸の大きな柱穴が確認される．この南北街道の両側には，300mに及ぶ道路に面した建物群が並び，その背後には井戸が並ぶことから町屋と推定され，整備された町並み景観が復元される．発掘された生産関連の遺物からは，鍛冶，曲物作り，漆器，下駄職人などの存在が確認され，また鍛冶職人は区画を持って集中していることから計画的な集住があったと考えられている（高橋，2006）．

　こうした発掘遺跡の例からは，各地の街道沿いに点在する数多くの宿が，流通拠点として町場の景観を持っていただけではなく，さらに流通機能を生かして商品生産も担っていたことが確認できる．そこでは荒井猫田遺跡にみるように，多様な業種の生産が行なわれており，また堂山下遺跡や荒久（2）遺跡のように，金工細工や蝋纈染などの専門的な業種の活動までも想定される．このことは各地の街道沿いに，多数の同様の手工業生産とそれを商品として売買する町場が存在したことを暗示しており，中世の生産の場の多様性を語るだけではなく，商品流通のあり方をも考え直すことを促している．

5.4　越前平等村の越前焼生産

　資源産地型のモノづくりを生産の場と資源に注目して越前焼を例にみてみる．越前焼は，12世紀末頃から生産が始まる東海地方常滑焼の技術系譜をひいた瓷器系焼締陶器で，越前丹生山地東麓に，約160基の窯が分布する（図5.11）．中世から近世初期にトンネル状の窖窯を構築し，主に甕・壺・擂鉢などを主製品とし

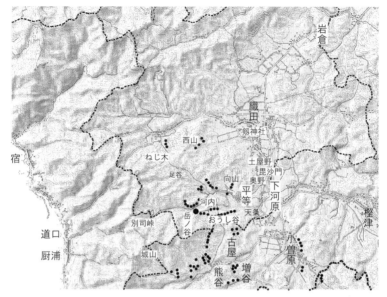

図 5.11　織田庄と越前焼窯の分布（破線は村境）

た．生産は，小曽原で開始され，13世紀には増谷，曽原，熊谷，平等，織田など西側の丘陵へ展開した．14世紀には全域に分布が広がり，窯の約半数がこの時期である．15世紀になると熊谷と平等大釜屋地区に限定され，15世紀後半からは平等大釜屋に集約されていく（図5.14）．都市一乗谷ができ，越前焼が領国を越えて広く日本海側に流通を拡大，生産量が増加した時期に窯場の集約が進む．その後，一乗谷に続く中心都市北の庄，福井城が作られ，戦国期とは格段に需要が増大した16世紀末〜17世紀中葉の生産を支えたのが平等村の岳ノ谷と大釜屋の窯場であった．

(1) 平等村の生産の場とシステム

平等村では，戦国期から近世へと増大していく需要を支えるために三つの方法で大量生産を実現している．①窯の規模拡大と構造の改善により焼成量と操業回数を増やす．②商品としての少器種画一化．サイズをそろえた数種類の器種に限定することで，工房での成形，焼成段階の窯詰めでも手間と空間，燃料効率を改善した．③窯場を集約して，複数の工房が大きな窯を共同で操業する．それに適

した組織を作り，粘土，薪など資源の確保に村をあげた生産体制を実現している（図5.12）．

窯場は，この時期には大釜屋と岳ノ谷周辺に集まり，小さな谷地形を単位に13が確認される．発掘した岳ノ谷の窯場1では，斜面に6基の窯が接して並び，前面に窯を掘った排土などで作業場が形成され，岳ノ谷へ落ちる斜面には窯からでた不要になった焼台や不良品など，いわば産業廃棄物が捨てられた（図5.13）．

窯は，地中をトンネルで掘り抜く窖窯で，1号窯は長さ26m，最大幅6mの巨大な窯である．発掘した1～3号の窯は，ほぼ同じサイズ，同じ構造で設計され，1基ごとに順番に作られた．最終的に6基が斜面に近接して残されたのである．さらに各窯は前の窯の上部に重ねてトンネルを掘る方法で更新され，1号窯では5回，2号窯は8回の更新が確認

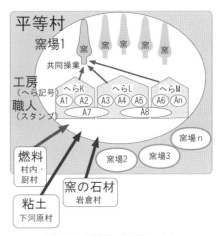

図 5.12　平等村の生産システム

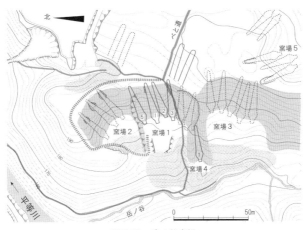

図 5.13　岳ノ谷窯場

された．これは築窯の省力とともに同じ窯場に最大限の窯数を構築できるメリットがある．綿密な計画のもと，移動せずに生産を繰り返す集約型の窯場が実現されたのである．

こうした各窯場の操業は，3～4の工房が共同で行なっていたと推定される．それを示すのが，製品1個ごとにつけられたへらで描いた記号で，複数の工房が一緒に操業する共同窯で，各工房の製品を識別するための工房のマークである．15世紀後半，一乗谷が作られた頃から鋭いへらで描いた記号が多様化するのも，窯の大型化に伴い多くの工房が成立し，共同操業したことと連動している．この多様なへら記号が，大量生産の時代を象徴しているのである．

このへら記号と類似する記号が，織田の劔神社（つるぎじんじゃ）が所蔵する天正5年（1577）の「御神領分平等村田畠居屋敷指出状」にも残されており，平等村の生産体制が判明する．文書には平等村百姓24名が連署し，各自の略押（りゃくおう）（サイン）が伴う．この略押のなかに越前焼のへら記号と一致するものが多く認められ，平等村の主だった百姓たちが，おのおの工房の経営者であったことがわかる．また百姓のなかには，前年の文書で「惣代」として連署した「おもや」他2名も含まれており，村をあげて越前焼の生産をしていたと考えられた．

発掘された窯場1では，4種類のへら記号が確認でき，略押から「道そ」他3名が経営する四つの工房が共同操業していた．その各工房は数名の職人から構成されていた．たとえば「道そ」のへら記号は，一乗谷からもたくさん発掘されており，同じへら記号の描き方に癖の違いが識別でき，道その工房には少なくとも職人3名が想定できた．また大甕につく各スタンプがその癖に対応するので，職人個人を示すと考えると，同じスタンプが異なる複数のへら記号で使われている例からは，逆に複数の工房に関わる職人もいたこともわかる．

(2) 資源からみた越前焼生産

焼物生産にとって必須の資源が粘土と燃料，さらにこの時期の越前焼では窯を補強した耐火性の軽石であった．

13世紀中葉の水上1号窯は，長さが13.3m，最大幅3mの窯である．岳ノ谷1号窯は，水上窯に対し長さ，幅，天井高が約2倍程度で窯の容積は8倍となる．この水上1号窯と同じ規模の窖窯を復元し，製品を詰めて窯焚きの実験をした九

右衛門窯では，製品に使われた粘土が1.2トンと燃料の薪が21トンであった．その数値を参考にして，岳ノ谷1号窯を推計した結果，1回の操業で使われた粘土が約6トン，燃料として使った雑木が約50トンと計算されている（田中，1994）．

製鉄の生産の場では，「砂鉄七里に炭三里」と言われる．重いがかさばらない砂鉄は遠方からも搬入できるが，炭は大量に必要でかさばるので，木炭作りが近場で可能な場所が選ばれる．焼物生産も炭焼きと同様に，燃料の木が豊富な場所に窯を築いて操業し，切り株から木が復活する一定の年数をサイクルに数か所の窯場を回る，刈り回しで広い範囲を移動して生産を持続していた．中世の焼物生産では燃料が生産の場を規定する最優先の要因だったといえる．そのため鎌倉時代や室町時代の窯跡は小規模で広範囲に分布していたのである．ところが戦国時代になると大量生産のために，窯場を固定し大型の窯を作り，燃料や粘土をそこに搬入する集約型に変化．さらに，岳ノ谷1号窯の試算のように，1回の操業に50トンの薪が使われる大規模な生産を繰り返すことで，資源の調達が生産の最大の課題となっていた．

平等村は，中世には織田劔大明神神領に属しており，その生産には，「平等釜之口　但一度ニ九百文宛也，焼次第」，「平等山之代　弐貫五百文」（「劔大明神寺社領納米銭注文」享禄元年（1528））とあり，村は操業のたびに領主の劔神社に不定期の口銭（操業料）を納め，また，神領内の山から薪をとる用益権料として，年に2貫500文の代銭を納めていた．

元禄16年（1703）の「村々大差出帳　樫津組」（田中甚介家文書）には，平等村の薪山，土取場，石切り場に関する記事がある．薪山として山5か所「おうし谷（大師谷），向山，河内，祢ぢ木，天条」が記され，それらは現在も字名として残っており場所が確定できる（図5.14）．これらの場所は，祢ぢ木を除けば比較的平等集落に近く，また岳ノ谷窯跡群にも近い．こうした薪山から，長さ9尺以上の松，栗と5，6年回りに刈り回しする萌芽林（ひこばえ）の雑木が，窯の燃料や日用の薪に利用されていた．

この一つ「河内」をめぐる資源の争奪戦をみてみよう．ここは慶長頃の文書には，「劔大明神御用木之山」とあり，材木となる立木以外の燃料用の薪や草などの伐採が許可されていた土地であった．さらに「平等河内　往昔は古屋，熊谷両村も立入，草□伐苅□中古一条朝倉□□大明神氏子に而無之村ハ□□」（「劔大明神

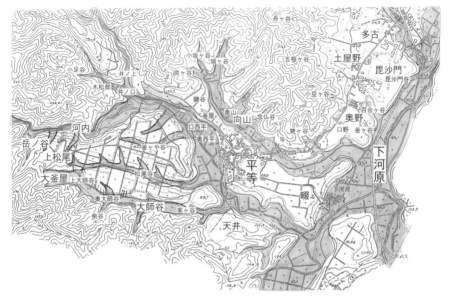

図 5.14　平等村の薪山と土取り場

領山余地之作配定」）の注記のように，古くは草柴刈りの場として平等村と南の山干飯保という別の領主に属していた古屋，熊谷両村の入り会い地だったが，朝倉氏の時代に，劔神社御神領の織田庄内ではない古屋，熊谷が排除され，神領内の平等村が用益権を独占した経緯が記される．まさに越前焼の大量生産が進む時期に，薪山の争奪戦があり，熊谷と古屋両村がはじき出されたのである．

　こうした薪山を持つ平等村だったが，最盛期の生産を支えるには神領や村のなかだけでは不足して，海側の厨浦の山からも薪を調達していた．慶長9年（1604）に，厨浦が北の庄へ「厨山」の山手米（用益権料）合計9石を納めており，その内訳には，厨浦などの浦方の村々とともに熊谷村1石，平等村3石7斗が割り当てられている（「山手米納入方覚」）．厨山は，厨浦に属す城山一帯で，平等村が用益権を得た場所は，村境が主尾根から東に振れた岳ノ谷西側に続く山麓延長部と推定される（図5.11）．他村の山にも薪山の用益権を確保することで，この時期の平等村の越前焼生産が成り立っていたのである．厨浦は，近世から近代に越前焼の積み出し湊であり，中世にもこの湊から積み出され，さらに遠方へは敦賀津か

三国湊を介して運ばれた．

　窯の耐熱補強材である耐火性の軽石については，特殊な石で織田の北にある岩倉村の山でしかとれないため，岩倉村に礼物を払って石を切り出したことが，元禄頃の記録に残されている（図5.11）．

　粘土の採取場は，明暦4年（1658）の平等村と下河原村の争論の史料「瓶土取・柴草刈出入ニ付済口証文」に記される．両村の境界にある土地の所属と土取の権利が争われた．仲裁人の裁定の結果は，「土屋野」と「奥ノ野」は，これまでどおり平等村には土取を，下河原村には草柴取りを認めるが，下河原村は土取が可能なように畠にしてはならないこと，「毘沙門山」は下河原村の持ち分としたうえで，今後も礼物擂鉢10束を渡す条件で平等村の土取を認める，とした．なお平等村は，毘沙門から「三〇カ年以来（土を）取り」その礼物を下河原村に出してきたとあり，岳ノ谷窯の時期にも，この地が粘土の主要な供給源だったことがわかる．ここは地形的には天王川の支流の河岸段丘で，地下には良質の粘土が豊富に埋蔵されている場所であり，近年まで重要な土取場になっていた（図5.14）．

　こうした生産に必須な資源や土地をめぐる競合は，次第に他村との軋轢を生むようになっていた．燃料用の木は，他の生産にもまた日用の薪炭としても重要な商品であった．製塩と漁業を生業とする厨浦にとっても不可欠の資源であり，製塩規模が拡大し燃料が不足し銀で他村の薪を購入する事態を招いている．また下河原村との粘土採掘をめぐる争論は，製陶と農業という生業の異なる村の資源争奪戦となり，土取による田畑の荒廃をめぐっても争論が繰り返されたのである．

5.5　中世のコンビナート

　資源による規定が強い生産のなかで，技術集団を軸にして共通する海や山の資源と場の特性を活用するのが複合資源共有型，異業種協業の生産の特徴である．またそこには，異なる集団を結びつける宗教権力が介在したことも知られる．

(1) 山のコンビナート―北沢遺跡

　北沢遺跡（新潟県新発田市）は，阿賀野川北部，五頭山西裾の丘陵地に発掘された中世生産遺跡である．約1kmの小さな谷に，製鉄炉3基と廃滓場，木炭窯4

第5章 「場」からみる中世のモノづくり

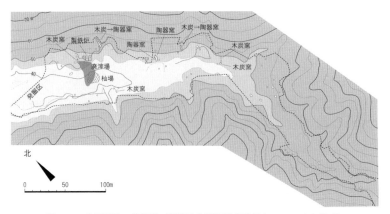

図 5.15 北沢遺跡の遺構群（新潟県豊浦町教育委員会，1992 より作成）

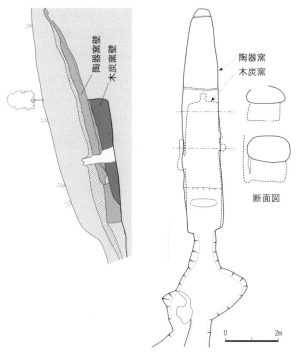

図 5.16 木炭窯を改造した陶器窯（新潟県豊浦町教育委員会，1992 より作成）

基，白炭窯2基，須恵器系陶器窯5基，廃滓場の下から杣場の遺構が確認された（図5.15）．これらが杣，製炭・製鉄，製陶と連続的に操業し，製鉄と製陶は並行して操業したとされる．とくに陶器窯のうち2基は，木炭窯を改良して築窯されており（図5.16），同一集団が製鉄と製陶という異業種の生産をしたと推定されている．杣遺構は，斜面の製鉄炉から谷底に流れた廃滓に覆われており，杣と鉄も時間的に継続して操業されていた可能性が高い．

　製鉄や精錬で使われた砂鉄は，日本海の海岸から採取し，搬入したものといわれる．ここでは豊富な山の木材と粘土が共通の資源として生産の場を規定し，その場を共有して異業種の技術集団が生産に関わったといえよう．北沢遺跡がある地域は，河川や福島潟を経由した日本海へつなぐ内陸水路が発達しており，材料の砂鉄の搬入のみならず，できあがった製品の流通にも便利な環境である．

　北沢遺跡の製陶の技術系譜は，能登半島の珠洲焼を基本とするが，壺の叩き製法や擂鉢の擂り目の入れ方など製作技法の一部，窯内での重ね焼きなどの窯詰め技法などに異なる点があること，また，発掘された小型の窯は珠洲窯には確認されず，遠く東播磨の神出窯との類似性が指摘されている（川上，1996；鶴巻，2006など）．また地域的にみると，この遺跡を含む北越窯と呼ばれる五頭山山麓の中世窯では，北沢遺跡以降，13世紀中頃を境に須恵器系から常滑焼や加賀焼などの瓷器系へと技術系譜が大きく変化しており，また擂鉢などの製品モデルには両者の折衷的なものがみられると指摘され，「単一の生産地の強い影響下で成立・展開したのではなく，さまざまな生産地の影響を受けながら」操業していたとされる（小田，2002；鶴巻，2005）．

　こうした異業種相互の密接な関わりや製陶における異なる系譜の技術が入りやすい，言い換えれば技術者の交流が起きやすい生産地が成立した背景には，北越という地理的位置に加えて，五頭山信仰の拠点である華報寺による山野資源の制限とそれを利用した生産集団の管理があったとも指摘される（鶴巻，2005）．これもコンビナート的な生産遺跡を規定する，もう一つの特質といえそうである．

(2) 海のコンビナート—村松白根遺跡

　村松白根遺跡（茨城県東海村）は，海岸の砂丘地帯に立地した，海のコンビナートといえる遺跡である．生産の中心は製塩であり，塩分濃度を高める鹹水槽

325基やそれを煮詰める釜屋21基が発掘されている．これらとともに，賽子(さい)，笄(こうがい)，鹿角製栗形やその未製品，材料があり，骨角や皮革加工が行なわれた．また鋳造する際に熔けた金属を流した鋳棹(いざお)がついたままの永楽通宝の棹銭(さおぜに)が出土しており銭の鋳造が確認できる．おそらく近辺には日常生活品の鋳造もあったと推定されるが，鋳型などは発掘されていない．内部に炉をもつ鍛冶工房かと

図 5.17　村松白根遺跡の漆喰の材料
（公益財団法人茨城県教育財団提供）

される掘立柱建物もあり，ここからは14点に及ぶ使用した砥石が採集されている．また鉄製横平歯のつるはし状工具からは石加工が知られる．これは，石臼の目立てに使われる工具と考えられるが，この遺跡では，使用痕跡のみられない砂岩製片口鉢が出土しており，こうした製品作りの工具の可能性も残るものである．珍しいものとしては直径40cmの円柱形で高さ15cmほどに折れた貝破片を大量に含む白色塊があり，外面に籠の目が残る．漆喰(しっくい)，またはその材料とされるものである（図5.17）．非常に粗質であり，漆喰の前段階の粉砕された材料を籠に入れたものであろう．このように波打ち際の砂丘に立地した村松白根遺跡は，製塩を主体に，海の資源と浜地ならではの土地利用による複合的な生産遺跡であった（芳賀・寺内，2005）．

　遺跡に隣接する砂丘の高みには，中世以来の村松山虚空蔵堂があり，門前には宿が展開する．その背後の入り江には，戦国期には佐竹氏の一族により支配された湊である真崎浦があった．山の北沢遺跡と同じように，この海のコンビナートも，寺院との深い関係のなかで成立・操業し，その製品流通を担ったのが真崎浦であったと推定される．湊とセットの臨海コンビナートということになる．遺跡から7点がまとまって発掘された使用痕跡のない瀬戸窯産灰釉三足盤(かいゆうさんそくばん)はその商品の一部だった可能性を持っている．

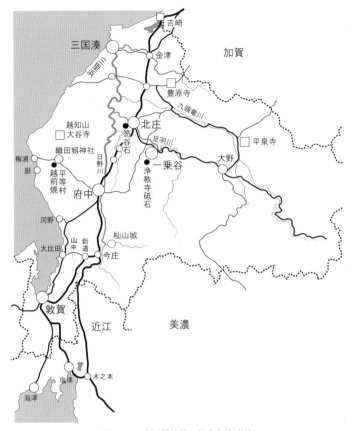

図 5.18 戦国期越前の都市と生産地

5.6 都市が育てる近郊生産地

　消費地の需要拡大は生産の拡大を誘導する．とくに近くに都市という大消費地が出現したことが，資源依存型の生産地を都市近郊生産として取り込み，生産や流通圏の拡大の大きな要因となったのである（図 5.18）．

　先に述べた越前焼の大量生産の画期となった 15 世紀後半は，ちょうど戦国城下町一乗谷が成立した時期である．一乗谷が消費した陶磁器の約 3 割が越前焼であり，発掘された陶磁器から推計すると擂鉢だけでも先の岳ノ谷窯の操業 100 回

分に相当する量が消費されたことになる．また，直接的な消費だけではなく，もう一つの要因が越前の内外から一乗谷へと商品が集まる流通の拡大である．その流通に伴う帰り荷として，一乗谷や越前の産物があったことは想像に難くない．とくに三国湊や敦賀津などを経由して，越前の商品が領国を越えて商圏を広げたようすが判明する．

その一つが北の庄に近い足羽山周辺で切り出される笏谷石（しゃくだにいし）である．緑色凝灰岩の笏谷石は，加工しやすく火や水に強い石材であり，15世紀後半になると，石塔・石仏の増加とともに，生活の場では，火鉢，行火（あんか），炉壇（ろだん），石鉢，水溜（みずため），風炉（ふろ）などの日常道具や井戸枠，建築材など，急激に多用されるようになる．同じ頃の北海道上ノ国町（かみのくにちょう）の勝山館（かつやまだて）では，越前焼甕・壺・擂鉢が使われ，笏谷石の行火や石鉢も出土している．越前焼に伴ってその商圏内に流通したことが確認される．近世には「越前石」と呼ばれ，広く日本海側に流通し，寛政年間には，三国湊において，越前奉書や漆実などとともに「津留（つどめ）」品となり，石材はもちろん，完成品の商品も種類と寸法が指定され，指定以外の商品を領外に出すことが禁じられた越前ブランド品になっていった．

もう一つが「和漢三才図会」（1712年頃刊）に，刀剣砥として参州名倉，山州嵯峨に次いで評価された「越前 常 慶寺村（じょうきょうじ）」の砥石である．一乗谷最奥の砥山から産した砥石で，浄教寺集落の名を冠している．集落周辺の出土陶磁器をみると，鎌倉後期から採掘があったと推定される．戦国期の採掘状況は明らかではないが，一乗谷では数珠作りをはじめ多分野に使用され，町屋からは未使用の砥石も出土している．「宗養発句付句（そうようほっくつけく）」（1560年）には，「浄教寺町衆より夏菊を送りて所望」とあり，連歌の興行もあった砥石採掘で栄える町の存在が知られる．浄教寺砥石は，陸路府中へ運ばれるほか，一乗谷の川湊阿波賀（あばが）を経て三国湊の日本海流通ルートに載る大きな商品になったと考えられる．一乗谷滅亡を契機に，浄教寺町衆による採掘が衰退し途絶えた後，由緒書（ゆいしょがき）では1657年頃より再び鯖江側の寺中村（じちゅうむら）による採掘が始まっている．そのときにもそのブランド名として寺中村ではなく，中世から全国に知られた「浄教寺砥石」が使われたのである．

一乗谷下城戸外の阿波賀には川湊があり，「一乗の市（阿波賀市）」が存在した．ここは越前の首都の市として主要穀物の和市（わし）（レート）を決める機能があり，また京都などと遠隔地取引をする商人の存在が確認されている．三国湊，敦賀津，

府中などにも同じような立場の商人たちが確認できる．そうした商人たちによって，領国内では「首都一乗谷産」として上位モデルの一乗谷の生産品があり，さらには領国の外に向けては，越前焼，笏谷石や浄教寺砥石などの産品も「越前産」のブランドで広く流通していくことになった．

参考文献

小田由美子（2002）赤坂山中世窯跡・赤坂山B遺跡，新潟県教育委員会ほか．
小野正敏（1985）越前一乗谷における町屋について．論集日本原史，吉川弘文館．
小野正敏（2006）戦国期の都市消費を支えた陶器生産地の対応．国立歴史民俗博物館研究報告，127号．
小野正敏（2015）木資源と山野，その競合と争奪．木材の中世―利用と調達，高志書院．
川上貞雄（1992）北沢遺跡群，新潟県豊浦町教育委員会．
川上貞雄（1996）中世初頭の越後―新潟県北沢遺跡．季刊考古学，57号．
国立歴史民俗博物館（2017）図録「時代を作った技―中世の生産革命―」．
小林清隆（1998）袖ヶ浦市荒久（2）遺跡，千葉県文化財センター．
佐々木健策（2009）小田原北条氏の威信―文化の移入と創造．東国の中世遺跡―遺跡と遺物の様相，随想舎．
島根県教育庁埋蔵文化財調査センター編（2006）沖手遺跡―1区の調査，島根県教育委員会．
高橋博志（2006）荒井猫田遺跡．鎌倉時代の考古学，高志書院．
高橋博志（2009）荒井猫田遺跡―埋もれていた中世の町．
田中照久（1994）九右衛門窯焼成実験の記録．越前古陶とその再現．出光美術館．
鶴巻康志（2005）新潟県北部の中世陶磁窯．中世日本海域の土器・陶磁器流通，研究集会「中世日本海域の土器・陶磁器流通」発表資料集，石川県埋蔵文化財センター．
鶴巻康志（2006）北沢遺跡．鎌倉時代の考古学，高志書院．
徳島県埋蔵文化財センター編（2017）川西遺跡――一般国道192号線徳島南環状道路（川西地区）関連埋蔵文化財発掘調査報告書，徳島県教育委員会．
中野豈任（1988）祝儀・吉書・呪符―中世村落の祈りと呪術（中世史研究選書），吉川弘文館．
芳賀友博・寺内久永（2005）村松白根遺跡1，茨城県教育財団ほか．
萩原三雄（2017）金山遺跡における「場」と「景観」．遺跡に読む中世史（考古学と中世史研究13），高志書院．
藤田祐嗣（1989）一六世紀都市住民の活動からみた商品流通．空間（日本都市史入門Ⅰ），東京大学出版会．
宮瀧交二（1991）堂山下遺跡，埼玉県埋蔵文化財調査事業団．
室伏　徹（2003）館・屋敷の工房施設．戦国時代の考古学，高志書院．

第6章 職人の技と分析科学

齋藤　努

　本章では，日本刀の製作技術について，自然科学的な観点から調査を行なった結果を紹介する．

　日本刀は，平安時代末期に完成された刀剣で，それ以前の直刀や蕨手刀とは，鍛錬，焼き入れ技術，複合素材の組合せ，切刃造から鎬造への移行，反りのある形状などの面で違いがある（鈴木，1994）．それらの過渡期にあらわれ，日本刀の源流の一つとみなされている刀剣としては，現存する数は少ないものの，平安時代後期に最盛期を迎えた舞草刀などの奥州刀がある．「舞草」という銘を切った刀剣として最古の作例は鎌倉時代のもので，一関市博物館に所蔵されている．

　日本刀の刀身が，異なる炭素濃度の鋼を組み合わせて作られていることはよく知られており，炭素濃度が 0.1～0.3% 程度と比較的低く柔らかめの鋼が，炭素濃度が 0.5～0.7% 程度と比較的高く硬めの鋼で包まれている．前者は心鉄（心金），後者は皮鉄（皮金）と呼ばれる．また刃先は，焼きを入れることで特別に硬くしている．これによって，日本刀の特徴である「折れず曲がらずよく切れる」が達成されている．

　このような構造がとられるようになった，最も古い資料の実証的な分析例としては，俵國一が 14 世紀はじめ頃と推定される「了戒」銘の刀剣の断面をエッチングして金属組織を観察したものがある（俵，1918，1953）．おおむね，外部に比べて内部の炭素濃度が低くなっていることが報告されており，この事例から，遅くとも鎌倉時代後期にはすでにこの方法がとられていたことがわかる．

　我々は，前近代の鉄加工技術について，「大鍛冶」の再現実験や，刀匠が代々継承している作刀技術のなかの「卸し鉄」「折り返し鍛錬」「焼き入れ」について，自然科学的な観点から調査を行なってきた．ここでは，「卸し鉄」と「焼き入れ」に

ついて取り上げることにする（齋藤ほか，2012a）．

ご協力いただいた刀匠は，宮城県大崎市在住の九代目法華三郎信房氏とご子息の法華栄喜氏である．法華家は，平安時代に平泉を中心に栄えた奥州藤原氏に仕えていた舞草鍛冶の一つであり，寛政4年（1792）に発行された『古刀銘尽大全』にみえる「法華経太郎」を号する刀工集団の系譜と言い伝えられている．法華家の初代法華三郎清房は宝暦3年（1753）生まれと推測され，仙台藩において九代山城大掾国包と六代余目清右衛門安倫に，また江戸において水心子正秀に師事したと伝えられる．八代目信房のときに，長く途絶えていた大和伝保昌派の鍛法の復元に成功し，九代目信房氏とご子息の栄喜氏は日本でそれを唯一父子で継承している（法華・井上，2010）．

なお，実際には，さまざまな工房や映像でみられる他の刀匠の作刀技法には少しずつ違いがあるため，ここで述べる方法はその一例にすぎない．

6.1 卸し鉄

法華氏によると，日本刀の刀身製作の全工程のうち，6〜7割程度の時間は皮鉄の素材を作ることに費やされるという．ここで取り上げた技術のうち，卸し鉄は，低炭素濃度の鉄（炭素0.1％以下の軟鉄．庖丁鉄とも呼ばれる）や高炭素濃度の鉄（炭素3〜4％の銑鉄．銑とも呼ばれる）を，皮鉄の素材に適した炭素濃度に調整するものである．前者を浸炭，後者を脱炭と呼ぶ．とくに炉内構造と送風量に着目して調査を行ない，反応機構を推定した．

（1）卸し鉄の疑問点

卸し鉄は，浸炭も脱炭も，同じ火床（炉）を使い，原料の鉄と木炭を交互にくべながら，吹差吹子（箱吹子）で風を送り込むという，一見すると同じような作業を行なっているにもかかわらず，まったく正反対の反応が起きている．この問題を解明するために，火床の深さ，送風量，炉内と炎の温度を計測する手法をとることにした．

なお，法華氏の場合，生成物の鋼を0.5〜0.6％程度の炭素濃度にすることを目標にしているそうである．ただし，調整はわずかな条件の違いにも左右されるた

め，生成物の不均一性は大きく，全体としてこの濃度範囲にまとめることは容易ではない．

(2) 卸し鉄の手順

具体的な手順を図 6.1 にまとめた．ここで使っている原料は鋳鉄でできた寛永通宝の四文銭である（図 6.1(a)）．図 6.1(b) は，火床のなかを作業者からみたものである．左側に羽口（送風口）の先端が突き出しているのが見える．木灰を敷いて固め，原料に応じた炉底の深さと形状に整える．

火床に木炭を積み，吹差吹子で送風しながら，原料の一部を上に置いて加熱する．燃焼して木炭が減ってきたら，再度木炭を入れ，原料を置くという作業を繰り返す（図 6.1(c)）．すべての原料の反応が終わったら送風をとめ，炉底に塊状となっている生成物を取り出す（図 6.1(d)）．

図 6.1 卸し鉄の手順
(a) 卸し鉄（脱炭）の原料となる寛永通宝四文銭，(b) 火床，(c) 操業の様子，(d) 炉底にできた塊状の生成物．

(3) 軟鉄と銑鉄の卸し鉄

軟鉄を原料として実際に作業を行なったところ，はじめの炭入れから操業終了まで32分，吹子のストローク数（往復で2ストロークとする）は平均として1分間あたり63.9ストローク，1.1 kgの原料から845 gの生成物を得た．

銑鉄を原料とした作業では，まず火床に水をおよそ10リットルしみこませる．その後，はじめの炭入れから操業終了まで40分，吹子は平均として1分間あたり40.7ストローク，1.2 kgの原料から1.0 kgの生成物を得た．

いずれの場合も，吹子を動かす速さは原料や木炭の加熱状態などで刻々と変わるため，必ずしも常に一定ではなく，また小刻みな往復を行なうこともある．ここでは定常的な作業中の平均的なストローク数を述べている．

(4) 調査方法

浸炭と脱炭でどのような違いがあるのかを調べるにあたり，以下の点について計測をした．それぞれの場合で，法華氏が意識している操業条件の違いは下記の通りだそうである．

a. 炉底の位置

羽口と炉底との高さの関係である．炉底は生成物のたまる場所であるので，これはつまり，羽口と生成物との高さの関係を意味する．羽口の位置は固定されているので，操業前に木灰を火床に入れて固める段階で，炉内形状とともにこれを調整する．

脱炭を行なう際には炉底を高く（浅く），浸炭を行なう際には炉底を低く（深く）設定する．

b. 吹子を動かす速さ

送風量に反映される．浸炭を行なう際には強く（吹子を速く動かす），脱炭を行なう際には弱く（吹子をゆっくり動かす）吹く．

c. 炉上の炎の状態など

反応の進行状況は，炉上の炎の色や火花の様子，吹子を動かしているときの手ごたえなどで判断する（鉄の温度が上がってくると手ごたえが重くなるという）．

ただし，測定装置を法華氏が使用している火床に設置すると，もとの状態に戻せなくなってしまうおそれがあったので，その火床と同じ形状に実験用の炉を組み，計測器を取り付けた．主要部の寸法などは実際に使用している火床を計測したが，羽口から出る風のあたる位置や風の廻り方，炉内の微妙な形状などは，法華氏の感覚にしたがって設定した．上記 a についても同様で，浸炭・脱炭それぞれにおいて，法華氏が目安としているおおよその数値はあるが，最終的には羽口からの風の流れに基づいて，法華氏の感覚によって炉底の高さを微調整した．

具体的な調査方法は以下の通りである．

a については，脱炭・浸炭それぞれを行なう際の状態に炉内形状，炉底を整えてもらい，炉底と羽口の位置関係を計測する．

b については，通常使用されている吹差吹子ではなく，送風量測定装置つきの送風機を使って操業を行ない，送風量の変化を連続的に記録する．

c については，高温用赤外線サーモグラフィーによって炎の温度をモニターする．また，耐熱ステンレスパイプを炉内にさしこみ，炉内で起きている反応の様子を観察するとともに，ここに放射温度計をあてて炉内の温度を計測する．なお，外部に突き出した側の端はガラス板でふさいでおき，炉内の燃焼ガス等が外に出るのを防ぐ．

(5) 調査の様子

法華氏の火床は，長径 46 cm，短径が 10〜13 cm，羽口は先端部の 3.5 cm が炉内に突き出した形状をしている（図 6.1(b)参照）．

実験炉は，耐火レンガと耐火モルタルで大まかな外形を作り，炉内壁は粘土で成形し，さらに水で練った木灰を塗って形状を整えて，法華氏の火床と同様のものにした（図 6.2 (a)）．羽口は内径 $5.0\,\text{cm}\phi \times 1\,\text{m}$ 長のステンレスパイプを使い，耐火モルタルを外部および内部に塗って形状と開口部径を整えた．開口部は $3.5\,\text{cm}\phi$ である．

送風量は，送風機とマスフローメータを使い，炉内への送風量を逐次測定しながら変化させられるようにした．送風量は5秒ごとに記録した．

炎の温度モニターは，赤外線による熱画像を利用した高温用赤外線サーモグラフィーを使い，2秒ごとに画像を取り込んで温度分布を記録した．

炉内観察と温度測定用の耐熱ステンレスパイプは内径 21.7 mm ϕ ×1 m 長であり，高さを変えて 2 本設置した．上部パイプは下向きに 6°の角度をつけ，羽口の 1 cm 下の位置に，下部パイプは浸炭時には下向きに 6°，脱炭時には下向きに 4°の角度をつけ，羽口の 7 cm 下の位置に取り付けた．パイプの端部には，赤外線を透過する CaF_2 ガラスを，耐火モルタルを使って密着させ，燃焼ガスがパイプを通って外部に漏れないようにした．炉内温度の測定は，ファイバ式放射温度計を使用し CaF_2 ガラスを通して行なった．これらの測定値のうち，上部のパイプから観察・測定できる，羽口からの風が最もあたる高温部での測定値を「上部温度」，またその 6 cm 下の箇所での測定値を「下部温度」と呼ぶことにする．

　これら各装置の配置と操業の状況を図 6.2(b), (c)に示す．図 6.2(b)で，中央に構築した炉の右側にあるのが送風装置，炉から右手前側に炉内観察と温度測定用の 2 本の耐熱ステンレスパイプがみえる．図 6.2(c)で，手前の三脚に載っているカメラが高温用赤外線サーモグラフィーの本体，その右の机の上のパソコンには温度測定画面が表示されている．

　図 6.2(d)は送風装置である．左側がブロアで送風量は手前側にあるバルブで調整する．右の白い箱がマスフローメータである(数値表示板は反対側にある)．上部に載せられたパソコンで記録される．

　図 6.2(e)は，炉内に差し込んだ耐熱ステンレスパイプにつけた CaF_2 ガラスに放射温度計をあてて，炉内の温度を測定している様子である．机の上にある計器に温度が表示される．

　各機材の使用テストを兼ねて，炉に木炭をくべながら加熱し，炉内を乾燥させるとともに，温度上昇で起きたひび割れを補修したのちに以下の実験操業を行なった．

(6) 浸炭の作業

　浸炭時には，炉底が羽口中央から 12 cm 下になるように設定された(図 6.3(a))．この場合は，できるだけ炉底まで風が廻らないようにすることを意識しているそうである．

　原料は，江戸時代後期（18 世紀頃）の蔵で門扉に使用されていた軟鉄製の肘金を，薄くして切ったものを使用した．羽口からの風が最もあたる上部温度はおお

図 6.2 卸し鉄の実験炉
(a) 実験炉の外観, (b) 送風装置と炉内観察・炉内温度測定用のステンレスパイプの配置, (c) 高温用赤外線サーモグラフィーと温度測定画面, (d) 送風装置(ブロアとマスフローメータ), (e) 炉内の温度測定の様子.

むね1200〜1300℃であった．内部観察用のパイプからみると，反応が進むにつれて，熔解した鉄が木炭に沿って少しずつ垂れ落ちていく様子が観察された．流動性が低く，水飴あるいはゼリー状の挙動を示していることから，完全に液化しているのではなく半熔融状態なのであろうとみられる．1.6 kg の原料に対して，52分の操業を行ない，1.3 kg の生成物を得た．

原料の炭素濃度は＜0.1〜0.2％程度である．生成物は不均一性が大きいが，大部

6.1 卸し鉄

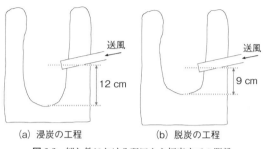

(a) 浸炭の工程 　　(b) 脱炭の工程

図 6.3 卸し鉄における羽口から炉底までの距離

分は 0.5〜0.8％程度の濃度範囲内にあった．

(7) 脱炭の作業

　脱炭時には，炉底が羽口中央から 9 cm 下になるように設定された（図 6.3(b)）．この場合は，できるだけ多くの風が炉底にあたるようにすることを意識しているそうである．通常，脱炭の卸し鉄を行なう際には操業前に水を炉内に入れるが，この実験操業では条件をそろえるために水は使用しなかった．なお，これは法華氏が先代から伝えられたやり方であるが，必ずしも一般的な方法というわけではない．

　原料は，江戸時代に石巻鋳銭場で製造された寛永通宝の鋳鉄製四文銭を使用した．上部温度はおおむね 1100〜1200 ℃であった．内部観察用のパイプからみると，反応が進むにつれ，熔解した流動性の高い鉄が，ポタポタと少しずつ垂れ落ちていく様子が観察された．下部観察パイプは，反応生成物が炉底にたまってくると木炭がそれに乗ってしまって移動しにくくなるため，先端が塞がれてしまい，途中から温度を測定することができなくなった．1.6 kg の原料に対して 57 分の操業を行ない，1.2 kg の生成物を得た．

　原料の炭素濃度は 3〜4％である．生成物は不均一性が大きいが，大部分は 0.5〜0.8％程度の濃度範囲内にあった．つまり，浸炭も脱炭も，ほぼ同じ炭素濃度の生成物ができたことになる．

(8) 実験操業の計測結果

図6.3は浸炭と脱炭における羽口から炉底までの距離，図6.4は操業時の送風量の変化である．炎のサーモグラフィー画像はカラー図版なので，ここでは省略する．

送風量については，俵（1919a, 1920, 1953）の記録や，法華氏による卸し鉄の実際の操業と同様に，浸炭では大きく，脱炭では小さくなっている．また浸炭では変化がほとんどみられないのに対し，脱炭の場合は微調整を行なっていることがわかる．これに対応し，炎の温度も浸炭では1300℃を超えているところがみられるのに対し，脱炭では1200℃程度であった．炉内温度も同様で，上述の(6)と(7)で述べたように浸炭が1200～1300℃であるのに対し，脱炭は1100～1200℃である．

炉内反応は，浸炭の場合，熔解した鉄が木炭表面を垂れ落ちていくのが観察されていた．流動性が低く，水飴あるいはゼリー状の挙動を示していることから半熔融状態にあるものとみられる．軟鉄は，この程度の温度では熔解しないので，これは，原料の軟鉄が炉の上層部で木炭と混合され，還元雰囲気下で加熱されることで，固体における炭素の浸入が表層から起こって融点が下がり，半熔融状態となって垂れていったと推測される．操業の終わりまで下部温度が測定できたことから，生成物はこの箇所にはとどまらず，さらに下層部へと速やかに移動したものとみられる．実際，操業後に確認したところ，生成物は羽口からの風が十分

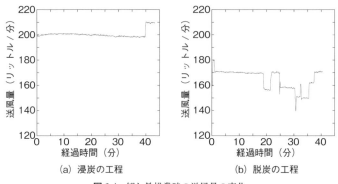

図6.4 卸し鉄操業時の送風量の変化

には届かない炉底部にたまっていた．また，操業が失敗した場合に起こる現象として，全体として温度が低めで，原料片の一部が未反応で原型をとどめたまま炉底に集まっているという状態がみられる．

一方，脱炭では，液状化し流動性の高い鉄が少しずつポタポタと流れ落ちていくのが観察された．銑鉄の融点は比較的低いので，原料が少しずつ熔けて液体状態になっていったのであろうと考えられる．操業の途中からステンレスパイプの先がふさがって下部温度が測定できなくなってしまったことから，生成物は浅めに設定された炉底部にたまっていったことがわかる．操業後の確認でも，生成物は炉底の，羽口の風を受ける箇所にできていた．操業が失敗した場合に起こる現象は，全体として温度が高めになってしまった結果，原料の多くの部分が急速に熔けて，大量の流銑が炉底部にいっぺんにたまり，内部まで脱炭が進行しないということである．

(9) 反応機構の推定

これらから推測されるそれぞれの炉内反応の模式図を図 6.5 に掲げた．詳細は下記の通りである．

まず，浸炭の場合（図 6.5(a)），原料の軟鉄は炉の上層部において，高温下で表面から浸炭し，半熔融状態となって下に落ちていく．これを達成するため，送風量は多く，炉内および炎の温度も高くなる．この反応ではそれほど細かい温度調整を要しないので，これが定常的に起こる条件が定まれば，送風量はほとんど一

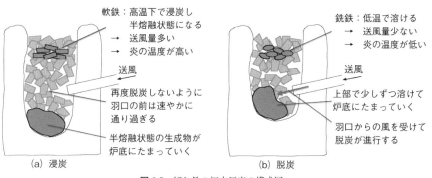

図 6.5　卸し鉄の炉内反応の模式図

定のままでも差し支えない（図6.4(a)）．浸炭した鉄に羽口からの風があたると再度脱炭が起こってしまうので，羽口の前はできるだけ速やかに通りすぎ，炉底に到達することが必要である．浸炭された生成物は風のほとんどあたらない炉底にたまっていき，所定の炭素濃度が維持される．

一方，脱炭の場合（図6.5(b)），原料の銑鉄は比較的低温で熔けるので，送風量は少なく，炉内および炎の温度も低めになるようにする．上層部で熔けたものが少しずつ炉底にたまり，羽口からの風を受けて脱炭が進行する．ここで注意すべき点は，銑鉄が急速に熔解し，一度に大量の熔融銑鉄が炉底にたまらないように，反応を微調整することであり，その状況が図6.4(b)の送風量の変化にあらわれていると考えてよい．齋藤ほか（2009，2012b）は大鍛冶の炉内反応を検討した際，銑鉄の脱炭の進行について再現炉などによって検証した．その結果によると，熔融した銑鉄は風を受けることによって表層部から脱炭が起こるが，その進行はそれほど急速ではなく，ある程度の時間をかけて進行すること，また十分に脱炭が進むためには粒状になった銑鉄に風があたるようにする必要があり，大きな塊状になってしまうと内部まで脱炭が進まず，流銑となってしまうことがわかった．卸し鉄による脱炭においてもそれは同様であり，熔けた銑鉄が羽口の前に少しずつ落ちて風を受け脱炭が進行するという状況が連続的に起こることが重要であると考えられる．

なお，卸し鉄における脱炭の反応機構がここで述べたようなものであるとすれば，法華氏が通常，作業の前に火床のなかに入れる10リットルの水については，水の気化熱によって温度の急激な上昇が起きないようにし，銑鉄が急速に熔解してしまうことを防ぐのに役立っているのではないかと推測される．

以上の推定にしたがえば，軟鉄と銑鉄の卸し鉄においては，各部の条件がわずかずつ異なる作業を同一の炉を使用して行なっているが，炉内で起きている反応はまったく異なっているということなる．すなわち，軟鉄の浸炭では，炉の上部で固体の鉄に炭素が吸収され，融点が下がって半熔融状態となり，炉底に垂れ落ちていく．炉底ではできるだけ風があたらないようにして，脱炭が起こらないようにする．一方，銑鉄の脱炭では，炉の上部で鉄が熔解して液体状態になり，炉底に少しずつ流れ落ちていく．炉底では羽口からの風があたるようにして，鉄中の炭素を燃焼させ，炭素濃度を下げる．

6.2 焼き入れ

　刃部に焼きを入れて硬くすること，焼きの入っている部分と入っていない部分の境界で刃文を作ること，刀身に反りを入れること，を主な目的として行なう工程を焼き入れという．

　成形した刀身に，刃部は薄く，地部は厚めに，砥石・粘土・炭を混合して調整された「焼刃土（やきばつち）」を塗る．その塗り方と置き土の仕方によって，刃文の形を決めることができる．また焼きが入った刃部は急冷組織であるマルテンサイトが形成されるため，徐冷された他の部分よりも体積が大きくなり，全体として刃側と反対の方向に反りが形成される．

　刃文，すなわち焼きの入った刃部と入っていない地部との境界は，光にすかしてみると白く浮き立ってみえる．その全体としての形は直線的なもの（直刃（すぐは））や曲線的なさまざまの模様を描くもの（乱刃（みだれば））があるが，微小部分に注目すると，微粒子が光ってみえるもの（「塗物に銀の砂子を振り掛けたる如し」と表現される）と，筆で描いたような滑らかな線がぼんやりと曇ってみえるもの（「春霞が棚引く如く又白く烟（けむり）の如し」と表現される）とに大別することができる．前者を沸（にえ），後者を匂（におい）という．一般に，高温に加熱し急冷すると沸に，その反対は匂になるとされている（本間・佐藤，1997）．

　ここでは，刃文にあらわれる沸と匂について，それぞれを作り分けるための条件のうち，焼き入れ温度に着目して測定を行ない，刀匠の感覚と実測値との比較を行なった．

　焼き入れ時における刀身各部の冷却速度については，上原・井上（1995），井上（1995, 1996）による実験とコンピューターシミュレーションの報告があるが，それらは刀匠が行なっている焼き入れを直接測定したものではない．ここでは，短刀に対して焼き入れを施し，水中での冷却時間を変え，焼刃土をはがして下層にある鋼（刀身）の温度を実際に測定することによって，焼刃土の役割と効果について実験的に検証した．

(1) 焼き入れの手順

焼き入れは，加熱温度を微妙に調整する必要があるため，日が暮れたあとに作業場の照明を落とした状態で行なう．手順は以下の通りである．

刀身を成形後，ヤスリをかけて表面の傷を消し，灰汁をぬってこすり，表面の油分を取り除く．水で灰汁を洗い流し，風乾する．

砥石・粘土・炭を混合して調製した焼刃土を塗る（図 6.6(a)）．はじめは気泡が入らないように薄く塗り，のちに所定の厚さにする．ここでは，大和伝の製作技法を意識して直刃を作るための塗り方を行なった（図 6.6(b)）が，これは測定や分析上の観点からみても単純化された都合のよい状態となっている．なお，沸を作るときには焼刃土の水分を少なめに，匂を作るときには水分を多めにするとのことである．これを炭火の上にかざし，焼刃土を乾燥させる．乾燥後は，水分の量の違いを反映し，沸を作る条件の場合には乾燥による土の厚みの減少が少なく，土は厚くつき，匂を作る条件の場合には乾燥すると土が比較的薄くなる．ひび割れを補修し，全体として土の厚みを整える．

刃部が下側になるように金鋏(かなばさみ)で保持し，焼き入れ用の火床（図 6.7(a)）にて，刀身全体の温度ができるだけ均一になるように加熱する（図 6.7(b)）．

所定の温度まで加熱したら，刃部を下にしたまま，水の中に入れて冷却する．通常は工房の床面に備え付けられた水槽を用いるが，今回は冷却の様子を観察・記録するためにアクリルの水槽を作って使用した（図 6.7(c)）．刃部が急冷されて急冷組織のマルテンサイトが形成され，また地部はそれほど冷却速度が速くない

図 6.6 焼き入れの手順
(a) 焼刃土を塗る，(b) 直刃を作るための塗り方．

6.2 焼き入れ

図 6.7 焼き入れの様子
(a) 焼き入れ用の火床．(b) 火床の中で刀身を加熱．(c) アクリルの水槽内で急冷．

ためにトルースタイト，ソルバイト，パーライトよりなる組織となる．当初は冷却の進行により刃部が先行する形でわずかに体積減少がみられるが，マルテンサイトの形成に伴って刃部では体積が増加するため，水中で焼刃土が剝がれ刀身に反りがついていく．

(2) 調査方法

切先から棟区までの長さ約 25 cm，茎の長さ約 10 cm，元幅約 2.5 cm，先幅約 2.2 cm，棟側の厚さ（重ね）6.0〜6.7 mm，刃側の厚さ 1.2〜1.6 mm の短刀を作り，実験用の資料にした．焼き入れ前の刀身の形状は，切先に向けてやや逆反り気味にしてある（図 6.8(a)）．

この短刀の場合，沸を作る条件で焼き入れ作業を行なったところ，水中に刀身を入れて 4〜6 秒後に反りがつき始め，焼刃土が剝がれていった．最終的についた反りは約 3 mm である（図 6.8(b)）．また，このときに水中へ剝がれ落ちた地部の

図 6.8 焼き入れ前後の刀身
(a) 焼き入れ前の刀身（逆反り気味），(b) 焼き入れ後の刀身．

焼刃土の厚さを，棟側と刃側でそれぞれ 10 か所ずつ測定したところ，棟側で 1.3 ± 0.1 mm，刃側で 1.03 ± 0.05 mm であり，刃側の厚さの方が均一性が高かった．

(3) 加熱時の温度測定法

短刀に対し，法華氏の感覚で沸と匂を作る温度まで加熱してもらい，水につける直前の温度を高温用赤外線サーモグラフィーによって 25 コマ/秒で記録し，各コマの画像から温度を解析した．

砂鉄を原料として前近代に製錬された和鉄で成形した短刀は，材料が貴重であり，また原料から成形するまで時間がかかる．そのため，和鉄原料の短刀はあとで金属組織の観察を行なうものだけにとどめ，温度測定のみを行なう資料は，現代の工業製品である炭素鋼のうち，和鉄の短刀とほぼ同様の炭素濃度のもの（JIS：S50C）で代用した．

なお，この炭素鋼（S50C）では，和鉄と同様の条件で焼き入れを行なっても，和鉄のような刃文とならず，厚く塗った地部の焼刃土の下までマルテンサイトが形成され，全体として想定したよりも広い幅に焼きが入ってしまった．また，油分をとるために灰汁を塗ってから水洗いし，風乾させると，表面がやや黒色となる和鉄の場合とは異なって，全体に赤錆がうっすらと浮き出ていた．法華氏を含めさまざまな刀匠から従来指摘されてきたところであるが，この例をみても，和鉄と現代製鉄で作られた鉄とでは性質に違いのあることがわかる．以上のことから，現代の炭素鋼で作られた資料は，金属組織の観察対象とすることができないため，本研究では温度条件の再現性などをみる目的のみに使用した．なお，和鉄と現代製鉄の鉄でこのような違いが生じる理由としては，含まれている成分元素や介在物の相違，製造法の相違などが考えられるが，現在のところ不明である．

(4) 焼き入れの温度

沸と匂を作るときの温度測定画像を図6.9に示した（口絵8も参照）．図6.9(a)が沸を作るときの，図6.9(b)が匂を作るときの測定画像である．刀匠自身が感覚的に経験していることでもあるが，切先付近や刃部では，他の部位よりも高温になっている．これは，鋼の厚みが薄くなっているうえに，比熱の大きな焼刃土がわずかしかかかっていないことから，熱を受けたときの温度上昇が大きくなるためであり，避けられない現象である．また作業上，どうしてももとの方（茎の近く）の温度は低くなりがちである．

これらの画像から，法華氏が適正温度を見極めている箇所（刃先から1/3付近の，温度がある程度広い範囲にわたって平準化している箇所）で，温度測定を行なった．結果は表6.1の通りである．

これをみると，沸と匂のそれぞれを作る場合で，加熱温度に差があり，温度条件の再現性が高いこと，すなわち，刀匠はその数十度の違いを感覚的に識別できることを示している．また，法華氏の場合には目標とする温度を数値的に把握しており，沸の場合には800℃前後，匂の場合には730℃前後とのことであったが，測定値はこれとよく合致している．法華氏によれば，これらの目標温度は経験的に得られたものとのことであった．俵（1919b，1953）は，刃文を形成するため

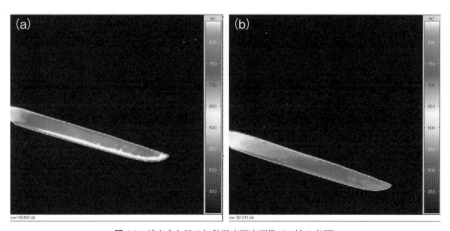

図6.9 焼き入れ時の加熱温度測定画像（口絵8参照）
(a) 沸を作るときの測定画像，(b) 匂を作るときの測定画像．

表 6.1 焼き入れ時の加熱温度測定結果

測定番号（沸）	測定値（℃）	測定番号（匂）	測定値（℃）
沸-1	780〜800	匂-1	720〜730
沸-2	780〜790	匂-2	720〜740
沸-3	780〜800		

には鉄を加熱し，オーステナイトへの変態温度（皮鉄の炭素濃度では760〜770℃）を超えたのちに水中で急冷することが必要であると報告している．また沸と匂の違いが生じる要因として，加熱温度と冷却速度の二つが重要であり，高温で沸が，低温で匂が生成するとしている．法華氏が加熱温度を重視している点は，この俵の考察と整合する．なお，表6.1でみる通り，匂を作る際の加熱温度が，目標位置で720〜740℃と変態温度より低くなっているが，(5)で後述する通り，下層にある鉄の部分の温度は焼刃土の上での温度よりも高くなっていると推測されるため，矛盾はない．

和鉄原料でできた資料に焼き入れを施したものについて，形成された沸と匂の金属組織を電子線マイクロアナライザーで観察した結果が図6.10である（いずれも右が刃側，左が地側）．白くみえている粒子がマルテンサイトの結晶，灰色の部分がトルースタイトである．俵（1919b, 1953）にあるのと整合的であり，沸の場合にはマルテンサイトの結晶が大きく（図6.10(a)），これが肉眼では粒子状に光ってみえるのであろう．一方，匂はマルテンサイトの結晶が小さいため(図6.10(b))，肉眼では個別の粒子として見分けられないのだと考えられる．

(5) 焼刃土の効果の検証法

沸を作る条件で加熱し，水中で冷却する．その際，冷却時間を変えて水からとりだし，表層の焼刃土を素早く剥ぎ取って，焼刃土の下の鉄部分の温度を測定する．測定は，上記と同様に高温用赤外線サーモグラフィーを使って25コマ/秒で記録し，後で目的とするコマの画像から各部の温度を解析した．測定器は，冷却用水の水面のすぐ上に向けて設置してあるので，水に入った瞬間と水から出した瞬間は，記録された映像から確認することができる．そのため，水中で冷却されていた時間は，測定画像のコマ数から算出した．

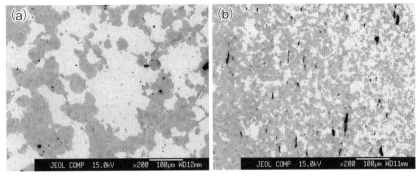

図 6.10 焼き入れ後の金属組織（いずれの写真とも，右が刃側，左が地側）
(a) 沸, (b) 匂.

　水から出してから焼刃土を剝ぎ取るまでには4秒ほどかかるため，その間に若干の温度低下は生じているはずである．しかし，測定画面からみる限りでは，焼刃土を剝ぎ取って鉄部が露出した後であっても，4秒間での温度低下は10〜15℃程度にすぎず，焼刃土がかかっている間はこれよりもさらに温度低下は小さいとみなすことができるので，考察の大筋には影響しないと考えてよい．得られた測定結果を図6.11に示す．

　加熱後，水中で冷却せずにそのまま焼刃土を剝がした場合には，地の部分の焼刃土の上からの温度が780〜800℃であるのに対し，下の鉄部では870〜880℃を示した．切先の温度が960〜970℃，刃部の温度が870〜900℃であったので，これらからの熱伝導で焼刃土の上よりも下層の鉄の部分の方が温度が高くなっているのであろう．

　焼刃土の下層にある鉄の温度は，水中に入れた直後には冷却速度がやや大きいものの，変態温度に達する前に冷却速度が遅くなっているために，マルテンサイトなど焼き入れ組織の生じない条件が得られているのだと考えられる．冷却が進み，刀身に反りが入り始めるのに伴って焼刃土は剝がれていくが，その時点までに，地部ではトルースタイトやソルバイトへの変態が進行し，鉄部分が水に直接ふれて急冷されても組織変化が起こらない程度まで達しているのであろう．焼刃土の下の鉄部分でこのように温度降下が小さい理由としては，加熱後，水に入れた時点では焼刃土の表面は高温となっているため，水は表面で激しく気化して内

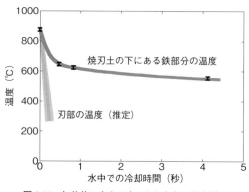

図6.11 加熱後に水中で冷やしたときの温度低下

部への浸透が起こらず，またこれによって表面で気化熱が奪われても土の断熱性によりその効果が鉄部分まで及びにくくなっているためと推定される．

　焼刃土がほとんどかかっていない刃部については，本実験の最短冷却時間0.48秒で，すでに測定限界の340℃以下まで温度が下がってしまったため，冷却速度を算出できなかった．しかし，冷却後の金属組織としてはほぼ完全にマルテンサイトとなっていることから，1000℃/秒以上と考えられる．

　焼刃土の厚さと冷却速度との関係については，上原・井上（1995）で冷却実験の結果が示され，井上（1995, 1996）がそれに基づく焼き入れにおけるコンピューターシミュレーションを行なっている．それらによると，焼刃土をまったく塗らなかった場合よりも，薄く塗った場合の方がはるかに速く冷却が行なわれると考察されている．その要因については，焼刃土によって，膜沸騰（高温金属が水と接したときに，表面付近の水が激しく沸騰することによって，蒸気が薄い膜となり，表面を覆い温度低下を妨げる）が起こらず，ただちに核沸騰（蒸気膜が切れ，金属と水が直接接するようになる）の段階になるためであると説明している．

6.3 ま と め

　刀匠が伝承している技術のうち，卸し鉄と焼き入れの作業を実際に行なっていただき，自然科学的な手法を取り入れて，実証的な調査を実施した．その結果に

6.3 まとめ

基づき，それぞれの工程の特徴や，刀匠の感覚との整合性などについて考察を行なった．明らかになったのは以下の諸点である．

① 軟鉄と銑鉄の卸し鉄は，各部の条件がわずかずつ異なる作業を同一の炉を使用して行なっているが，炉内で起きている反応はまったく異なっていると推測される．すなわち，軟鉄の浸炭では，炉の上部で固体の鉄に炭素が吸収され，融点が下がって半熔融状態となり，炉底へと垂れ落ちていく．炉底ではできるだけ風があたらないようにして，脱炭が起こらないようにする．一方，銑鉄の脱炭では，炉の上部で鉄が熔解して液体状態になり，炉底に少しずつ流れ落ちていく．炉底では羽口からの風があたるようにして，鉄中の炭素を燃焼させ，炭素濃度を下げる．

② 焼き入れでは，沸と匂を作り分ける際の加熱温度の違いを実験的に確認できた．これは刀匠の感覚とも整合的であった．また焼刃土の下の鉄の温度の測定により，焼刃土が地部の徐冷に役立っていることが確認された．

本章では，技術に関わる条件の測定を行なうほかに，「感覚に従って作業をしている刀匠（職人）の技術を数値化し，将来へ向けての継承に役立てる」ということを目的に行なわれた研究の一部を紹介した．自然科学的な手法を取り入れることによって，従来とは異なる視点から伝統技術を眺めることが可能になったのではないかと考えている．ただ，実際に現場で刀匠の作業をみていると，たとえば炎の色や鉄の燃える音，吹子を動かす手の重さや風の音の変化，羽口から出る風の廻り具合（風の巻き方）など，数値化できないものを，感覚で総合的にとらえながら作業していることがわかる．数値化できるのは，それらのうちのごく一部にすぎない．また，ある１回の操業を数値で記録したとしても，使用する原料や火床の条件，気温や湿度など，毎回異なる状況が生じているので，それをそのまま他の操業に当てはめることはできない．継承すべき技術の最も要となる部分は，やはり感覚でとらえるしかない．しかし，大筋としての理論をうまくつかむことができれば，その補助的な役割を果たすことはできるであろう．その一助となれば幸いである．

なお，本章のもとになった研究は，九代目法華三郎信房氏・法華栄喜氏，尾崎保博氏（平野神社），高塚秀治氏（東京工業大学），坂本稔氏（国立歴史民俗博物館），野田稔氏

(東邦大学），堀哲郎氏・宮原佑治氏・萩野谷主税氏（専修大学）にご協力をいただいた．また研究の一部は，科学研究費補助金・挑戦的萌芽研究「鍛冶職人の伝統技術を数値的に把握する方法の創設へむけた基礎研究」（研究代表者：齋藤努，2007～2009年度，課題番号：19650256）としても実施された．記して感謝の意を表する．

参考文献

井上達雄（1994）たたらと日本刀―伝承技能における先進科学と技術―．機械学会誌，97巻，pp.132-135.
井上達雄（1995）日本刀にみる科学と技術―焼入れのコンピューターシミュレーションを通して．バウンダリー，11巻11号，pp.36-41.
上原拓也・井上達雄（1995）日本刀の焼入れにおける焼刃土の効果．材料，44巻，pp.309-315.
齋藤　努・坂本　稔・伊達元成・高塚秀治（2009）大鍛冶の炉内反応に関する実験的検証．考古学と自然科学，59号，pp.29-55.
齋藤　努・坂本　稔・高塚秀治（2012a）刀匠の継承する伝統技術の自然科学的研究．国立歴史民俗博物館研究報告，第177集，pp.127-178.
齋藤　努・坂本　稔・高塚秀治（2012b）大鍛冶の炉内反応に関する検証と実験的再現．国立歴史民俗博物館研究報告，第177集，pp.179-229.
鈴木卓夫（1994）作刀の伝統技法．理工学社．
俵　國一（1918）日本刀の研究．機械學會誌，22巻54号，pp.1-39.
俵　國一（1919a）日本刀の原料として庖丁鐵卸し鐵．鐵と鋼，5巻10号，pp.1125-1143.
俵　國一（1919b）日本刀中の沸及び匂に就き．鐵と鋼，5巻5号，pp.531-544.
俵　國一（1920）鋼卸し鐵法及銑卸し鐵法に就て．鐵と鋼，6巻6号，pp.566-579.
俵　國一（1953）日本刀の科学的研究．丸善．
法華三郎信房（語り）・井上英子（聴き書き）（2010）鐵と炎と魂と．笹氣出版．
本間薫山・佐藤寒山監修（1997）日本刀製法に関する用語．概説篇（新版日本刀講座1），雄山閣出版，pp.277-290.

事項索引

ア 行

藍染め　104, 105, 106
青木家　55, 73
赤沼村絵図　111
窖窯　2, 7, 12, 16, 113, 115, 116
荒型（粗型）　47, 78, 87, 107

鋳型　4, 76, 78, 79, 80, 81, 84, 87, 88, 89, 90, 91, 97, 110, 122
井側　30, 31, 32, 34, 40
伊行末　52
石臼　2, 4, 104, 122
石切　52, 54, 55, 58, 59, 60, 61, 64, 65, 73, 102, 103
石工　4, 52, 54, 62
石鉢　51, 124
一右衛門　54
伊派　52
鋳物師　80, 81, 86, 105
色部氏年中行事　108

打割（製材）法　4, 26, 27, 28, 29, 32, 33, 34, 37
海のコンビナート　121, 122
漆絵（漆器）　45, 46

叡尊　52, 53
越前石　124
越前焼　15, 16, 18, 21, 100, 103, 104, 113, 114, 116

118, 123, 124, 125
桟穴　35, 36
延喜式　45

大窯　2, 12, 13, 14, 15, 18, 21
大窪　54, 55
大蔵貞安　53
大蔵派　52, 53
大蔵安氏　53
大鋸　4, 26, 27, 28, 29, 32, 42, 48
桶　3, 37, 38, 39, 48, 101, 102, 107
オーステナイト　142
織田信長制札　15
小田原石　56
卸し鉄　126, 127, 128, 129, 132, 133, 134, 135, 136, 144, 145

カ 行

快元僧都記　54
反花座　64, 67, 69
加賀焼　121
覚園寺　53
笠塔婆　52
風祭石　56
鍛冶　77, 79, 86, 102, 104, 106, 107, 109, 111, 113, 122, 126, 127, 136
春日権現験記絵　26, 27, 32
型押（漆絵）　3, 45, 46, 47
滑石製スタンプ　111, 112,

113
瓶土取・柴草刈出入ニ付済口証文　119
刈り回し　18, 117
火輪　64, 67, 68, 69, 70
皮鉄（皮金）　126, 127, 142
かわらけ　1, 100, 101
鉄穴流し　4
木裏　34
木表　34
擬漢式鏡　89, 90, 91
清水寺根本堂　29
切刃造　126

空風輪　62, 64, 67, 68, 69
刳桶　3
刳物　37, 38, 39, 40

罫描き針　111

極楽寺　28
（鎌倉）極楽寺　53
御神領分平等村田畠居屋敷指出状　21, 22, 116
古瀬戸　7, 8, 9, 10, 11
古刀銘尽大全　127
木の葉形鋸　27, 35
粉挽臼　64, 66, 67, 69, 70, 71, 73
小松石　56, 57
小山冨士夫　6, 15
五輪塔　4, 51, 52, 55, 64, 67, 68, 69

事項索引

サ 行

西大寺　52
左衛門五郎　54, 55, 58
砂鉄製錬　4, 77, 78
匣鉢　2, 12, 13, 14

地獄十王図　28
七条町　86, 87, 92, 93, 97
鎬造　126
地の粉漆下地（漆器）　44, 47
渋下地漆器　44, 47, 48
笏谷石　103, 123, 124, 125
石峯寺　28
朱器台盤　44
浄教寺砥石　103, 123, 124, 125
正直鉋　41, 42
心鉄（心金）　126
新猿楽記　77, 83, 86
浸炭　127, 129, 130, 131, 133, 134, 135, 136, 145
新編相模国風土記稿　56, 57, 59

水道石　56
水輪　62, 64, 67, 68, 70
銑　127
直刃　137, 138
珠洲焼　121
スタンプ　18, 19, 20, 21, 45, 115, 116

製鉄炉　77, 119, 120
清明上河図　38
石塔　4, 51, 52, 53, 56, 61, 63, 64, 68, 72, 73, 74, 124
瀬戸焼　8
鏨　42, 48
善左衛門　54, 55, 58

銑鉄　127, 129, 135, 136, 145
宗養発句付句　124
相輪　64, 67, 69
曽我兄弟・虎御前の墓　52
ソルバイト　139, 143

タ 行

台鉋　3, 29, 34, 41, 48
多角形縦板組（井戸）　31, 42, 43, 48
たたら吹製鉄　4
脱炭　127, 128, 129, 130, 133, 134, 135, 136, 145
縦挽鋸　4, 26, 27, 28, 29, 32, 34
多門院日記　85, 108
旦那等配分目録　111

茶臼　64, 67, 69, 70, 71, 73
直刀　126
地輪　64, 67, 68, 69

津留　124
鶴岡八幡宮　54
劔神社　21, 22, 114, 116, 117, 118, 123
劔大明神寺社領納米銭注文　117
劔大明神領山余地之作配定　117

鉄滓　78, 109, 111
鉄鍋　2, 4, 76, 77, 78, 79, 80, 81, 84, 85, 87, 97, 100, 101, 102
電子線マイクロアナライザー　142
伝多田満仲宝篋印塔　53
天目茶碗　2, 8, 10, 12, 14, 100

銅細工　87, 89, 91, 92, 96, 97
東寺百合文書　93
常滑焼　8, 15, 100, 113, 121
トルースタイト　139, 142, 143

ナ 行

軟鉄　127, 129, 131, 135, 145

沸　137, 138, 139, 140, 141, 142, 143, 145
匂　137, 138, 140, 141, 142, 143, 145
苦林宿　103, 111
忍性　52, 53

根府川石　56, 57

ハ 行

八条院々町地子帳　93, 94, 96
八条院々町下地検知注進状　94, 96
八条院町　86, 87, 92, 93, 97
鼻繰　35, 36, 37, 110
刃文　137, 140, 141
パーライト　139
般若寺　52

挽き臼　51, 61, 64, 69, 71, 73
挽割法　27
備前焼　100, 102
兵庫北関入舩納帳　110

分炎柱　7, 12, 13, 16

へら記号　18, 19, 20, 21, 22,

事項索引

115, 116
宝篋印塔　4, 51, 53, 62, 64, 67, 69
方形縦板組（井戸）　31
方形横板組（井戸）　31
庖丁鉄　127
宝塔　51, 57
法華経太郎　127

マ 行

舞良戸　30
曲物　3, 31, 37, 38, 39, 40, 103, 104, 105, 108, 113
マルテンサイト　137, 138, 139, 140, 142, 143, 144

乱刃　137
水上竃文書　14

村々大差出帳　樫津組　117
米良文書　111
舞草刀　126

ヤ 行

焼き入れ　126, 137, 138, 139, 140, 141, 142, 143, 144, 145
焼刃土　137, 138, 139, 140, 141, 142, 143, 144, 145
山手米納入方覚　118
大和伝保昌派　127
山のコンビナート　119
槍鉋　3, 27, 32, 33, 41
結桶　3
結物　31, 37, 38, 39, 40, 41,

42, 48
横挽鋸　26, 27, 35
余見塔　53

ラ 行

連房式登窯　21
蝋纈染　113
六道絵　28
六古窯　6

ワ 行

和漢三才図会　124
和鉄　140, 142
蕨手刀　126

遺跡名索引

ア 行

渥美窯（愛知県田原市） 2, 7
余部日置荘遺跡（大阪府堺市） 80, 81, 82, 84, 85
荒井猫田遺跡（福島県郡山市） 103, 113
荒久（2）遺跡（千葉県袖ヶ浦市） 103, 111, 112, 113

飯の峯畑遺跡（大阪府阪南市） 72
伊豆沼窯（宮城県栗原市） 7
一乗谷朝倉氏遺跡（福井県福井市） 85, 102, 103, 104, 105, 106, 107, 114, 116, 123, 124, 125
今小路西遺跡（神奈川県鎌倉市） 11

越前窯（福井県織田町） 2, 6
越中瀬戸窯（富山県立山町） 14, 15

大志戸鉧跡（島根県雲南市） 4
沖手遺跡（島根県益田市） 103, 109
御組長屋遺跡（神奈川県小田原市） 4, 61, 62, 64, 66, 73, 74
小田原城跡御用米曲輪（神奈川県小田原市） 62, 63, 69
小田原城下欄干橋町遺跡（神奈川県小田原市） 62, 63
小田原城三の丸幸田口跡（神奈川県小田原市） 62, 63

カ 行

柏尾廃寺跡（岐阜県養老町） 72

勝沼氏館（山梨県甲州市） 103, 107
勝山館（北海道上ノ国町） 124
金井遺跡（埼玉県坂戸市） 83, 84, 85, 103
川西遺跡（徳島県徳島市） 103, 109, 110
神出窯（兵庫県神戸市） 121
騎西城跡（埼玉県加須市） 97
北沢遺跡（新潟県新発田市） 103, 119, 120, 121, 122
草戸千軒町遺跡（広島県福山市） 25, 29, 30, 31, 32, 33, 34, 35, 36, 38, 39, 43, 44, 45, 46, 47

小島田八日市遺跡（群馬県前橋市） 72
小八木志志貝戸遺跡（群馬県前橋市） 72
金剛寺遺跡（大阪府阪南市） 72
坤束製鉄遺跡（広島県北広島町） 4

サ 行

三部古城山遺跡（鳥取県伯耆町） 85

信楽窯（滋賀県甲賀市） 6
志戸呂窯（静岡県島田市） 14, 15
初山窯（静岡県浜松市） 14

珠洲窯（石川県珠洲市・能登町） 2, 121

瀬戸窯（愛知県瀬戸市） 2, 6, 7, 8, 11, 12, 15, 21, 99, 122

遺跡名索引

タ 行

岳ノ谷窯（福井県越前町） 3, 15, 16, 17, 114, 115, 116, 117, 118, 123
丹波窯（兵庫県篠山市） 6

寺前遺跡（新潟県出雲崎町） 80, 103
天神山凝灰岩丁場（群馬県みどり市） 72

堂の下遺跡（秋田県三種町） 77, 78, 79
東播窯（兵庫県神戸市・明石市） 2
堂山下遺跡（埼玉県毛呂山町） 111, 112, 113
常滑窯（愛知県常滑市） 2, 6, 7
十三湊遺跡（青森県五所川原市） 108, 110

ナ 行

中須西原遺跡（島根県益田市） 103, 108, 109, 110
中須東原遺跡（島根県益田市） 103, 108, 109
中津川窯（岐阜県中津川市・恵那市） 7
名越切通跡（神奈川県逗子市） 72
七尾城址シッケ地区遺跡（石川県七尾市） 85, 97, 103, 106, 107

西川島遺跡群（石川県穴水町） 3

ハ 行

林遺跡（石川県小松市） 78, 80

備前窯（岡山県備前市） 2, 6
備後国府跡（広島県府中市） 45

平安京右京二条三坊跡（京都府京都市） 1

宝蓮寺跡（神奈川県鎌倉市） 72
北越窯（新潟県新発田市） 121
ホゲットウ石鍋製作所遺跡（長崎県西海市） 72

マ 行

曲谷石臼生産遺跡（滋賀県米原市） 72

水上窯（福井県越前町） 116
水沼窯（宮城県石巻市） 7
南加賀窯跡群（石川県小松市） 78
ミノバ石切場跡（大阪府阪南市） 72

村松白根遺跡（茨城県東海村） 103, 121, 122

ヤ 行

山角町遺跡（神奈川県小田原市） 4, 61, 62, 63, 64, 66, 73, 74, 103

編者略歴

村木 二郎（むらき じろう）

1999年　京都大学大学院文学研究科
　　　　博士後期課程中退
現　在　国立歴史民俗博物館研究部
　　　　准教授
　　　　文学修士

国立歴史民俗博物館研究叢書5
中世のモノづくり　　　　　定価はカバーに表示

2019年3月15日　初版第1刷

編者　村　木　二　郎
発行者　朝　倉　誠　造
発行所　株式会社　朝　倉　書　店
　　　　東京都新宿区新小川町6-29
　　　　郵便番号　　162-8707
　　　　電話　03(3260)0141
　　　　FAX　03(3260)0180
　　　　http://www.asakura.co.jp

〈検印省略〉

© 2019〈無断複写・転載を禁ず〉　　教文堂・渡辺製本

ISBN 978-4-254-53565-5　C 3321　　Printed in Japan

JCOPY　〈出版者著作権管理機構 委託出版物〉

本書の無断複写は著作権法上での例外を除き禁じられています．複写される場合は，そのつど事前に，出版者著作権管理機構（電話 03-5244-5088, FAX 03-5244-5089, e-mail: info@jcopy.or.jp）の許諾を得てください．

国立歴史民俗博物館監修

歴 博 万 華 鏡 （普及版）

53017-9 C3020 　　B 4 判 212頁 本体24000円

国立で唯一，歴史と民俗を対象とした博物館である国立歴史民俗博物館（通称：歴博）の収蔵品による紙上展覧会。図録ないしは美術全集的に図版と作品解説を並べる方式を採用せず，全体を5部(祈る，祭る，飾る，装う，遊ぶ)に分け，日本の古い伝統と新たな創造の諸相を表現する項目を90選定し，オールカラーで立体的に作品を陳列。掲載写真の解説を簡明に記述し，文章は読んで楽しく，想像を飛翔させることができるように心がけた。巻末には詳細な作品データを付記。

前歴博 小島美子・前慶大 鈴木正崇・
前中野区立歴史民俗資料館 三隅治雄・前国學院大 宮家　準・
元神奈川大 宮田　登・中部大 和崎春日監修

祭・芸能・行事大辞典
【上・下巻：2分冊】

50013-4 C3539 　　B 5 判 2228頁 本体78000円

21世紀を迎え，日本の風土と伝統に根ざした日本人の真の生き方・アイデンティティを確立することが何よりも必要とされている。日本人は平素なにげなく行っている身近な数多くの祭・行事・芸能・音楽・イベントを通じて，それらを生活の糧としてきた。本辞典はこれらの日本文化の本質を幅広い視野から理解するために約6000項目を取り上げ，民俗学，文化人類学，宗教学，芸能，音楽，歴史学の第一人者が協力して編集，執筆にあたり，本邦初の本格的な祭・芸能辞典を目指した。

東京都江戸東京博物館監修

大 江 戸 図 鑑 ［武家編］

53016-2 C3020 　　B 4 判 200頁 本体24000円

東京都江戸東京博物館の館蔵史料から，武家社会を特徴づける品々を厳選して収録し，「武家社会の中心としての江戸」の成り立ちから「東京」へと引き継がれるまでの，およそ260年間を武家の視点によって描き出す紙上展覧会。江戸城と徳川幕府／城下町江戸／武家の暮らし／大名と旗本／外交と貿易／武家の文化／失われた江戸城，の全7編から構成され，より深い理解の助けとなるようそれぞれの冒頭に概説を設けた。遠く江戸の昔への時間旅行へと誘う待望の1冊。

歴史学会編

郷 土 史 大 辞 典
【上・下巻：2分冊】

53013-1 C3521 　　B 5 判 1972頁 本体70000円

郷土史・地方史の分野の標準的な辞典として好評を博し広く利用された旧版の全面的改訂版。項目数も7000と大幅に増やし，その後の社会的変動とそれに伴う研究の深化，視野の拡大，資料の多様化と複合等を取り入れ，最新の研究成果を網羅。旧版の特長である中項目主義を継承し，歴史的拡大につとめ，生活史の現実を重視するとともに，都市史研究等新しく台頭してきた分野を積極的に取り入れるようにした。また文献資料以外の諸資料を広く採用。歴史に関心のある人々の必読書。

前中大 藤野　保編集代表
前筑波大 岩崎卓也・元学芸大 阿部　猛・
前中大 峰岸純夫・前東大 鳥海　靖編

日 本 史 事 典 （普及版）

53019-3 C3521 　　A 5 判 872頁 本体18000円

日本史の展開過程を概説的方式と事項的方式を併用して構成。時代を原始・古代・中世・近世・近代・現代の六区分に分け，各節の始めに概説を設け，全体的展開の理解がはかれるようにした。概説の後に事項説明を加え（約2100項目），概説と事項を同時にまた即座に利用できるように解説。また各時代の第1章には国際環境，世界の動きを入れると共に，項目の記述では，政治史，社会経済史，考古学，民俗学とならんで文化史にもポイントをおき，日本史の全体像が把握できるよう配慮。

元学芸大 阿部　猛編

日本古代史事典

53014-8 C3521　　　Ａ５判 768頁 本体25000円

日本古代史の全体像を体系的に把握するため，戦後の研究成果を集大成。日本列島の成り立ちから平安時代末期の院政期，平氏政権までを収録。各章の始めに概説を設けて全体像を俯瞰，社会経済史，政治史，制度史，文化史，生活史の各分野から選んだ事項解説により詳述する。日本古代史に関わる研究者の知識の確認と整理，学生の知識獲得のため，また歴史教育に携わる方々には最新の研究成果を簡便に参照，利用するために最適。日本史の読みものとしても楽しめる事典。

元学芸大 阿部　猛・元学芸大 佐藤和彦編

日本中世史事典

53015-5 C3521　　　Ａ５判 920頁 本体25000円

日本および日本人の成立にとってきわめて重要な中世史を各章の始めに概説を設けてその時代の全体像を把握できるようにし，政治史，制度史，社会経済史，生活史，文化史など関連する各分野より選んだ約2000の事項解説によりわかりやすく説明。研究者には知識の再整理，学生には知識の取得，歴史愛好者には最新の研究成果の取得に役立つ。鎌倉幕府の成立から織豊政権までを収録，また付録として全国各地の中世期の荘園解説と日本中世史研究用語集を掲載する。

前日文研 山折哲雄監修

宗教の事典

50015-8 C3514　　　Ｂ５判 948頁 本体25000円

宗教の「歴史」と「現在」を知るための総合事典。世界の宗教を宗教別（起源・教義・指導者・変遷ほか）および地域別（各地域における宗教の現在・マイノリティの宗教ほか）という複合的視座で分類・解説。宗教世界を総合的に把握する。現代社会と宗教の関わりも多面的に考察し，宗教を政治・経済・社会のなかに位置づける。〔内容〕世界宗教の潮流／世界各地域の宗教の現在／日本宗教（"神々の時代"～"無宗教の時代"まで）／聖典／人物伝／宗教研究／現代社会と宗教／用語集／他

前東大 末木文美士・東大 下田正弘・
中村元東方研究所 堀内伸二編

仏教の事典

50017-2 C3515　　　Ａ５判 580頁 本体8800円

今日の日本人が仏教に触れる際に疑問を持つであろう基本的な問題，知識を簡明に，かつ学術的視点に耐えうるレベルで包括的にまとめた。身近な問題から説き起こし，宗派や宗門にとらわれず公平な立場から解説した，読んで理解できる総合事典。〔内容〕〈仏教を知る（歴史）〉教典／教団〈仏教を考える（思想）〉ブッダと聖者／教えの展開〈仏教を行う（実践）〉／実践思想の展開／社会的実践／〈仏教を旅する（地理）〉寺院／聖地／仏教僧の伝来／〈仏教を味わう（文化・芸術）〉仏教文学の世界／他

D.キーオン著
前東大 末木文美士監訳　豊嶋悠吾編訳

オックスフォード辞典シリーズ

オックスフォード仏教辞典

50019-6 C3515　　　Ａ５判 420頁 本体9000円

定評あるオックスフォード辞典シリーズの一冊，D.Keown著"Buddhism"の翻訳。項目は読者の便宜をはかり五十音配列とし，約2000項目を収録。印中日のみならず，スリランカ，タイ，チベット，韓国等アジア各国に伝わり独自の発展を遂げた仏教用語，さらに欧米における仏教についても解説。仏教文化に馴染みのない西欧の読者向けに編まれた本辞典は，日本の読者にとっては基本的な知識を新鮮な視点から説き起こす，平明かつ詳細な必携の書となっている。

◆ 国立歴史民俗博物館研究叢書〈全6巻〉 ◆
歴博の最新の研究成果を広く伝える

歴博 藤尾慎一郎編　山田康弘・松木武彦・
吉田　広・高瀬克範・上野祥文著
国立歴史民俗博物館研究叢書 1
弥生時代って, どんな時代だったのか？
53561-7 C3321　　A 5 判 184頁 本体3400円

農耕社会が成立し広がったと考えられている弥生時代。しかし、北では続縄文文化が、南では貝塚後期文化が米作を選択することなく並行して続いていくなど、決して一様ではなかった弥生時代を歴博の最新の研究をもとに生き生きと描き出す。

歴博 関沢まゆみ編　新谷尚紀・武井基晃著
国立歴史民俗博物館研究叢書 2
民俗学が読み解く　葬儀と墓の変化
53562-4 C3321　　A 5 判 176頁 本体3400円

近年、土葬に火葬、ホール葬の広がり、身内が行なっていた葬儀を第三者が行なうなど、葬送墓制が大きく変化してきた。それは、遺体、遺骨、死に対する日本人の観念まで変えつつある。その多様な変化を、歴博の最新の研究をもとに示す。

歴博 齋藤　努編　増田浩太・高田貫太・
澤田秀実・高橋照彦著
国立歴史民俗博物館研究叢書 3
青銅器の考古学と自然科学
53563-1 C3321　　A 5 判 168頁 本体3400円

考古学研究での自然科学の役割を青銅器の化学分析から究明。〔内容〕日韓の青銅器と原料の産地推定／青銅祭器の自然科学分析／古墳出土製品からみた日朝関係／国産銅鉛原材料の産出地と使用開始時期／理化学的分析からみた日本の銭貨生産

歴博 小倉慈司・歴博 三上喜孝編
国立歴史民俗博物館研究叢書 4
古代日本と朝鮮の石碑文化
53564-8 C3321　　A 5 判 216頁 本体3400円

朝鮮半島の古代石碑文化が古代日本の文字文化に与えた影響を解明する。〔内容〕朝鮮半島古代の石碑文化／古代日本における石碑文化受容と展開／宇治橋断碑の研究と復元／新羅の地方社会と仏教信仰結社／資料：古代朝鮮諸国と古代日本の石碑

樋口雄彦編
国立歴史民俗博物館研究叢書6
資料が語る 災害の記録と記憶
53566-2 C3321　　A 5 判 176頁 本体3400円

資料を学際的な視点から検討し、日本の災害史を描く。〔内容〕高分解能古気候データと災害史研究／水害にかかわる環境と初期農耕社会集落動態／登呂遺跡と洪水／幕末・明治の出版にみる災害表象／明治初年の治水と技術官僚／民俗学の災害論

鴻池新田会所 松田順一郎・首都大 出穂雅実他訳
ジオアーケオロジー
―地学にもとづく考古学―
53018-6 C3020　　A 5 判 352頁 本体6400円

層序学や古土壌学をはじめとする地球科学の方法を考古学に適用する「地考古学」の決定版入門書。〔内容〕ジオアーケオロジーの基礎／沖積環境／風成環境／湧泉、湖、岩陰、その他の陸域環境／海岸環境／遺跡の埋没後攪乱／調査研究

文虫研 三浦定俊・東文研 佐野千絵・九博 木川りか著
文化財保存環境学 （第2版）
10275-8 C3040　　A 5 判 224頁 本体3500円

好評テキストの改訂版。学芸員資格取得のための必修授業にも対応し、自主学習にも最適。資格取得後も役立つ知識や情報が満載。〔内容〕温度／湿度／光／空気汚染／生物／衝撃と振動／火災／地震／気象災害／盗難・人的破壊／法規／倫理

くらしき作陽大 馬淵久夫・前東芸大 杉下龍一郎・
九博 三輪嘉六・国士舘大 沢田正昭・
文虫研 三浦定俊編
文化財科学の事典 （新装版）
10283-3 C3540　　A 5 判 536頁 本体11000円

近年、急速に進展している文化財科学は、歴史科学と自然科学諸分野の研究が交叉し、行き交う広場の役割を果たしている。この科学の広汎な全貌をコンパクトに平易にまとめた総合事典が本書である。専門家70名による7編に分けられた180項目の解説は、増加する博物館・学芸員にとってハンディで必須な常備事典となるであろう。〔内容〕文化財の保護／材料からみた文化財／文化財保存の科学と技術／文化財の画像観察法／文化財の計測法／古代人間生活の研究法／用語解説／年表

上記価格（税別）は 2019 年 2 月現在